Das doppelt geteilte Land

Reviewed Research. Auf den Punkt gebracht.

VS College richtet sich an hervorragende NachwuchswissenschaftlerInnen. Referierte Ergebnisse aus Forschungsprojekten oder Abschlussarbeiten werden in konzentrierter Form der Fachwelt präsentiert. Zur Qualitätssicherung werden externe Begutachtungsverfahren eingesetzt. Eine kompakte Darstellung auf 60 bis maximal 120 Seiten ist dabei das Hauptkennzeichen der neuen Reihe.

Oliver Hollenstein

Das doppelt geteilte Land

Neue Einblicke in die Debatte
über West- und Ostdeutschland

 Springer VS

COLLEGE

Oliver Hollenstein
München, Deutschland

ISBN 978-3-531-19772-2   ISBN 978-3-531-19773-9 (eBook)
DOI 10.1007/978-3-531-19773-9

Die Deutsche Nationalbibliothek verzeichnet diese Publikation in der Deutschen National-
bibliografie; detaillierte bibliografische Daten sind im Internet über http://dnb.d-nb.de
abrufbar.

Springer VS
© Springer Fachmedien Wiesbaden 2012

Gedruckt auf säurefreiem und chlorfrei gebleichtem Papier

Springer VS ist eine Marke von Springer DE. Springer DE ist Teil der Fachverlagsgruppe
Springer Science+Business Media
www.springer-vs.de

Inhalt

1. Einleitung: Das doppelt geteilte Land

„Ehemalige DDR-Bürger besitzen allein aufgrund ihrer Geburtund historischer Umstände, die sie nicht beeinflussen konnten, eine Identität, die sie aus der Masse deutscher Staatsbürger heraushebt und die sie, selbst wenn sie es wollten, nur schwer ablegen können."[1]

„Du willst im Osten studieren? Bist du verrückt?" Ich war regelrecht entsetzt, als mein Freund Olli mir kurz nach dem Abitur erzählte, dass er sich für einen Studienplatz in Leipzig beworben hatte. Diese Option war für mich – wie für weit mehr als 90 Prozent der westdeutschen Abiturienten[2] – bis dahin nicht in Frage gekommen. Ostdeutschland kannte ich nur aus Erzählungen und aus den Stammtischparolen unserer Dorfkneipe. „Der überteuerte Landkauf im Osten" war dort das Chiffre für die neuen Bundesländer. Ein Jahr später startete ich mein Studium in Jena. „Wahl-Ossi", bespöttelte mich nun der Stammtisch. „Besser-Wessi", grummelten meine Kommilitonen.

Wohl jeder, der eine Zeit lang zwischen beiden deutschen Landesteilen gelebt hat, wird Geschichten erzählen können, wie er noch 20 Jahre nach der Wiedervereinigung resigniert feststellen musste: In den Köpfen vieler Deutscher existiert die Mauer immer noch. Hier die erfolgreiche Ex-BRD mit dem „Wessi"[3] , der die Chancen der Freiheit mit gnadenlosem Ellbogeneinsatz nutzt. Dort die erfolglose Ex-DDR mit dem „Ossi", der lethargisch über die verlorene Gleichheit jammert. Klischees freilich, aber offenbar solche, die nicht gänzlich aus der Luft gegriffen sind. Wer sich entsprechende Befragungen anschaut (Köcher 2009), muss feststellen: Deutschland ist ein moralisch[4] geteiltes Land.

Hier wir, dort die, das zeigt sich auf vielfältige Weise: Die Mehrheit der Deutschen stimmt der Aussage zu, dass Ost und West grundverschieden sind. Nur jeder fünfte Westdeutsche hat Freunde oder Bekannte im Osten, jeder dritte war noch kein einziges Mal in den neuen Bundesländern. (Heitmeyer 2010) Ostdeutsche schreiben sich selbst positivere Eigenschaften zu als den Westdeutschen (Köcher 2009). Westdeutsche Medien verbreiten im Gegenzug ein von Vorurteilen durchzogenes Bild des Ostens (Ahbe et al. 2009). Im Westen sind

---

[1] Der ostdeutsche Journalist Olaf Baale (Baale 2009: 18)
[2] Nach Zahlen des Hochschul-Informations-Sysetms HIS haben sich Mitte der 2000er Jahre rund vier Prozent der westdeutschen Abiturienten für ein Studium im Osten entschieden; von den Ost-Abiturienten gingen immerhin 22 Prozent in den Westen. (Heine 2008)
[3] Eine sehr lesenswerte Studie zu dem Gebrauch der Worte Ossi und Wessi in den Medien ist Wedl 2009.
[4] Moral im soziologischen Sinne verstanden als mehr oder weniger integriertes Set von Normen und Werten einer Gruppe oder Kultur (Hillmann 1994).

nur zwei ostdeutsche Marken breiter bekannt (IMK 2010) und es werden immer noch weniger Waren über die ehemalige innerdeutsche Grenze transportiert als zwischen anderen deutschen Regionen (Nitsch/Wolf 2009).

Doch Ost und West sind offenbar nicht nur verschieden. Verfolgt man die mediale und publizistische Debatte wird schnell klar, dass die deutsch-deutsche Teilung und Wiedervereinigung noch immer ein Thema ist, das Menschen landauf und landab polarisiert wie kaum ein zweites.[5] Bei der Suche in den unzähligen Büchern und Artikel wird schnell klar, warum: Beide Seiten haben ihre ganz eigene Enttäuschung erlebt. Viele im Westen haben das Gefühl, mit ihrem hart verdienten Geld im Osten Geisterstädte mit Marmor-Bürgersteigen aufzubauen, während der eigene Landesteil langsam verfällt (Berg/Hornig et al 2004; Goos/Kneip 2004). Viele im Osten fühlen sich dagegen durch den Westen um ihr Volkseigentum gebracht und in ihren Leistungen verkannt (Wenzel 2001; Baale 2009).

Was ist schief gelaufen? Auch 20 Jahre nach der Wiedervereinigung erreichen die neuen bei weitem nicht die Produktivität der alten Bundesländer. Über die Gründe sind sich die Ökonomen weitgehend einig: Durch die historische Entwicklung vor und nach der Wende hat die ostdeutsche Wirtschaft andere Strukturen als die westdeutsche. Die östlichen Regionen Deutschlands haben eine geringere Bevölkerungsdichte und es fehlt an Industrie. Die Unternehmen sind im Schnitt deutlich kleiner und verfügen über wenig Marktmacht. Damit haben sie im globalisierten Wettbewerb entscheidende Nachteile. Ost und West sind also auch wirtschaftlich immer noch zwei getrennte Landesteile.

Das moralisch geteilte Land und das ökonomisch geteilte Land – beide Themen nehmen in Publizistik und Wissenschaft einen großen Raum ein. Die wirtschaftliche Schwäche ist ein großes strukturelles Problem, das wir mit Wirtschaftspolitik lösen oder als passive Sanierung, also schleichende Entvölkerung, akzeptieren müssen (Paque 2010). Die geteilten Identitäten Ost und West sind ein Übel, das offenbar eine Folge aus der deutsch-deutschen Geschichte ist und sich im Laufe der Zeit von alleine lösen wird (Schröder 2010). So weit die herrschende Meinung.

Überraschenderweise werden die beiden Teilungen bisher aber nicht systematisch in ihrem Zusammenhang gesehen. Hier setzt meine Arbeit an. Moralische Teilung und wirtschaftliche Teilung bestätigen und verstärken sich gegenseitig und stützen damit die permanente Reproduktion der wirtschaftlichen Ungleichheit, so die These. Um diesen zirkulären Prozess systematisch betrachten zu können, greife ich auf die Ideen des französischen Soziologen Pierre Bourdieu zurück. Das hat drei Gründe:

---

[5] Wer das nicht glaubt, sollte nur einmal in einer westdeutschen Dorfkneipe signalisieren, dass er „Ossi" ist – oder in einer ostdeutschen Kneipe, dass er „Wessi" ist.

a) Persistenz der Verhältnisse und zirkuläre Selbstverstärkung
   Eine der grundlegenden Fragen von Bourdieu ist die nach der ungewöhnlichen Beständigkeit sozialer Verhältnisse. Seine These: Durch den Einfluss von dominanten gesellschaftlichen Vorstellungen („Symbolen") werden historische, soziale Konstruktionen naturalisiert. Die bestehenden Verhältnisse erscheinen als natürlich, tatsächliche Machtfaktoren werden verschleiert. Gleichzeitig bleiben die Machtverhältnisse der Akteure untereinander tendenziell bestehen, weil es zu einem selbstverstärkenden Prozess kommt: Akteure mit viel Macht haben in den sozialen Kämpfen durch ihren symbolischen Einfluss tendenziell die Möglichkeit, ihre Macht zu reproduzieren.

b) Endogenisierung der Präferenzen
   Im Gegensatz zur ökonomischen Theorie sieht Bourdieu die Präferenzen der Akteure nicht als unabhängig von ihrer sozialen Umgebung an. Im Sinne der Neuen Wirtschaftssoziologie[6] (Maurer 2008) bettet er die ökonomischen Entscheidungen der Akteure in die sozialen Machtverhältnisse ein: Die Position des Akteurs im mehrdimensionalen Einflussgefüge der Gesellschaft (Vermögen, Bildung und Sozialkontakte verleihen diesen Einfluss) prägt die Einstellungen, Wünsche und Strategien – ohne dass dies den Akteuren bewusst sein müsste. Auch bei ökonomischen Entscheidungen ist der Akteur damit immer von den ihm eingeprägten Vorstellungen der Gesellschaft sowie von seinen eigenen früheren Erfahrungen geprägt.

c) Keine Trennung der Faktoren und Konzentration auf Praxis
   Bourdieu interpretiert die einzelnen strukturellen Faktoren der Debatte (Größe, Marktposition etc.) jeweils als Chancen in den sozialen Kämpfen. Sie müssen damit in ihren Zusammenhängen gesehen werden – besonders in ihrer symbolischen Wirkung. Damit verweist Bourdieu von der strukturellen Ebene immer auf die Ebene der Praxis: Ganz im Sinne Max Webers begibt sich der Soziologe an den Ort der Akteure und deutet ihren Blick auf die Welt – in Abhängigkeit von ihrer strukturellen Position.

Zusammenfassend erklärt, werde ich folgendermaßen argumentieren: Die Wiedervereinigung ging für Ostdeutschland mit einer massiven Um- und damit Abwertung seines althergebrachten Kapitals einher – ob das nun der immense Wertverlust eines Trabis oder die plötzliche Wertlosigkeit von Ausbildungen oder Titeln war. In deren Folge kam es zu zwei Prozessen: a) Mit dem Mauerfall,

---

[6] Bourdieu grenzt sich zwar selbst von der Neuen Wirtschaftssoziologie ab (Bordieu 2005: 198). Andersherum bezeichnet einer der prominentesten Vertreter der Neuen Wirtschaftssoziologie – Richard Swedberg – das Feldkonzept aber als eines der wichtigsten Konzepte der Wirtschaftssoziologie (Swedberg 2004: 6).

der in beiden Landesteilen als endgültige Entscheidung in der Systemfrage erlebt wurde, wurde die Eigenschaft „ostdeutsch" synonym zum Sozialismus zum Symbol für Minderwertigkeit. b) Durch den fehlenden ökonomischen Erfolg der Nachwendejahre und die fehlende Anerkennung ihrer Lebensleistung im Westen, entwickelten viele Ostdeutsche eine spezifisch ostdeutsche Identität: In Distinktion zu den auf Leistung zugeschnittenen Werten des Westens entstand ein Habitus der Bescheidenheit als moralisch überlegene Idealfolie.

Beide Prozesse verstärken sich in der Folge gegenseitig: Auf der symbolischen Ebene wird die Abgrenzung im Westen als Affront gegen den angeblich geteilten und anscheinend überlegenen Wertekanon erlebt und bestätigt damit die symbolische Abwertung des „undankbaren Jammer-Ossis". Dieses Bild wird von den Medien permanent reproduziert. Auf der ökonomischen Ebene wirkt der Habitus der Bescheidenheit auf die ökonomischen Strategien – und führt so zum einen zu einer Selbstausgrenzung aus renditeträchtigen Geschäftsfeldern und bestätigt zum anderen über die Preis-Qualitäts-Assoziation die symbolische Minderwertigkeit der Ostdeutschen.

Bevor ich mich allerdings meinem eigenen Ansatz widmen kann, gilt es, die bisherige Debatte in ihren wesentlichen Elementen nachzuvollziehen. Dazu muss ich zunächst die theoretischen Grundlagen der Regionalökonomie betrachten, um die Argumente in ihren Prämissen kritisch hinterfragen zu können. (Kapitel 2) Weil die Ost-West-Frage so polarisiert, werde ich daraufhin einen nüchternen Blick auf die Fakten werfen: Wo steht der Osten bei der wirtschaftlichen und technologischen Leistungsfähigkeit sowie beim Lebensstandard? (Kapitel 3)

Daraufhin widme ich mich den Ursachen des Rückstands. Zunächst gehe ich auf die historische Entwicklung und ihre Folgen ein, ohne die der heutige Stand nicht zu erklären ist. (Kapitel 4) Anschließend diskutiere ich die geläufigsten Behauptungen in der Rückstandsdiskussion, um daraus die Schwächen der Debatte abzuleiten. (Kapitel 5)

Danach werde ich meine Sichtweise präsentieren. Zunächst werde ich die Theorie von Pierre Bourdieu vorstellen. (Kapitel 6) Anschließend folgt die Ausarbeitung der oben bereits angedeuteten Neuinterpretation. (Kapitel 7) Am Ende stehen ein kurzer Ausblick auf potenzielle künftige Entwicklungen der Wirtschaft in Ostdeutschland und mögliche Forschungsperspektiven (Kapitel 8) sowie eine Zusammenfassung der Erkenntnisse (Kapitel 9)

2. Grundlagen der Regionalökonomie

„Geography, whether physical or cultural or informational, limits competition since it creates cost-advantaged relationships between sellers and buyers who are located „close" to one another"[7]

Wenn wir über den Rückstand von Ost- zu Westdeutschland diskutieren, sprechen wir über den Wohlstand bzw. die Leistungsfähigkeit von Regionen. Um die Argumente der Debatte verstehen und beurteilen zu können, müssen wir zunächst die Begriffe klären und die theoretischen Gedankengebäude nachvollziehen, auf denen die Argumente beruhen.

Beginnen wir mit dem einfachen Begriff: der Region. Ich verstehe darunter ein subnationales Territorium, also ein Gebiet, das einen Teil eines Staates oder einer Volkswirtschaft darstellt (Maier/Tödtling 2005: 15). Ich unterscheide die fünf „neuen" Bundesländer, die bis 1990 die DDR bildeten, als Ostdeutschland, und das Gebiet der zehn „alten" Bundesländer der BRD als Westdeutschland. Dabei nehme ich an, dass sich die harten Institutionen (Sprache, Währung, Gesetze etc.) zwischen den beiden Regionen weitgehend ähneln, es aber weitreichende Unterschiede in den weichen Institutionen gibt – also beispielsweise bei kulturellen Gepflogenheiten oder Werten. Statistisch stellt das ehemals in Ost und West geteilte Berlin eine Schwierigkeit dar. Da neuere Statistiken die Hauptstadt nur als Ganzes erfassen, wird sie in verschiedenen Studien mal zum Osten, mal zum Westen gezählt oder ganz herausgerechnet. Ich werde im gegebenen Fall auf die jeweilige Verwendung hinweisen.

Mehr Voraussetzungen sind beim Indikator für die Stärke einer Region zu beachten. Üblicherweise wird in der Volkswirtschaftslehre das Einkommen als Maß für den Wohlstand verwendet. Der bekannteste Indikator ist das Bruttoinlandsprodukt (BIP): Die Summe der Werte aller in einem bestimmten Zeitraum in einer Region erzeugten Waren und Dienstleistungen (Bauer 2006: 48).[8] Die Verwendung des Einkommens als Indikator für den Wohlstand einer Region ist allerdings nicht unproblematisch.

---

[7] Edward Leamer, Regionalökonom (Leamer 2007: 86)
[8] Das BIP kann man von der Verwendungsseite oder der Produktionsseite her berechnen. Auf der Nachfrageseite ist es die Summe von Privatausgaben der Haushalte, Konsumausgaben des Staates, Bruttoinvestitionen und Exporten abzüglich der Importe. Das entspricht dem Ergebnis der Berechnung auf der Entstehungsseite. Hier wird zunächst die Bruttowertschöpfung errechnet, die sich aus Produktionswert abzüglich Vorleistungen ergibt. Anschließend werden die Gütersteuern addiert und die Subventionen abgezogen.

a) Das BIP misst den Wohlstand einer Region nur sehr indirekt. Naturkatastrophen wie Hochwasser erhöhen das Gesamteinkommen. Leistungen im Privathaushalt – beispielsweise die Erziehung von Kindern oder die Pflege von Angehörigen – schlagen sich dagegen nicht nieder, so lange es keine monetäre Kompensation (sprich: Bezahlung) gibt.

b) Die Gesamtsumme der Einkommen sagt wenig über den Wohlstand des Einzelnen aus. „Wenn die Flut kommt, steigen alle Boote", soll US-Präsident John F. Kennedy einmal gesagt haben. Ob das Wirtschaftswachstum – also die Veränderung des BIP von einem Jahr zum nächsten – tatsächlich bei allen Bürgern ankommt, ist durchaus fraglich (Dörre/Lessenich/ Rosa 2009). Entscheidend ist auch die Verteilung der Einkommen, die beim BIP keine Rolle spielt.

c) Monetärer Reichtum korreliert nicht unbedingt mit Lebensglück. Zahlreiche Forschungen haben gezeigt, dass ein höheres Einkommen sowohl einer Region als auch eines Einzelnen nicht automatisch mit höherer Zufriedenheit zusammenhängt (Heuser 2008: 60ff; 83ff).

Trotz dieser Probleme werde ich den Einkommensbegriff in dieser Arbeit verwenden – zum einen aus Mangel an einem an anderen Indikatoren, zum anderen, weil die gesamte Diskussion auf diesem Maß beruht.

Wir messen den Erfolg einer Region also am Output ihrer Leistungen. Da jede Region im weltweiten Wettbewerb steht, ist das zentrale Ziel, diesen Output jährlich zu erhöhen – also Wirtschaftswachstum zu generieren. Wie kann der Output erhöht werden? Entweder, indem mehr Ressourcen eingesetzt werden – was allerdings angesichts der Konkurrenz um knappe Ressourcen (wozu auch Arbeit gehört) schwierig ist. Oder indem Ressourcen effizienter eingesetzt werden – Stichwort Innovation.

2.1 Innovationsökonomik

Innovation wird im Duden schlicht als „Erneuerung, Neuerung" erklärt. So weit, so unklar. Dennoch scheint Innovation recht wichtig – wie ein Blick in die Wahlprogramme zur Bundestagswahl 2009 schließen lässt: Die FDP verwendet das Wort 27 Mal, die Grünen kommen auf 25 Nennungen, die SPD auf 24 und die CDU/CSU nutzt es 22 Mal (FDP 2009; Grüne 2009; SPD 2009; CDU/CSU 2009). Offenbar ist der Begriff zu einer Generalformel für das Neue als Fortschritt geworden, zu einer Catch-All-Kategorie (Blättel-Mink 2006: 24; Dörre/

Neiss 2010: 28ff; Braun-Thürmann 2005: 10ff). Doch was ist Innovation eigentlich? Seit den klassischen Ökonomen wird angenommen, dass über Innovationen ökonomischer Fortschritt und damit allgemeiner Wohlstand erzeugt wird. Schon bei Adam Smith, dem Ur-Ökonomen, heißt es: Wenn die gleiche Zahl an Menschen dazu fähig ist, mehr zu produzieren, führt das „in einem gut regierten Staat zu allgemeinem Wohlstand" (Smith 1776: 14). Karl Marx (1847; 1867) stellte diese Idee in den Mittelpunkt seiner Arbeit. Für Marx ist der technologische Fortschritt (oder wie er es nennt: die Entwicklung der Produktivkraft der Arbeiter) zugleich Ursache und Wirkung des ökonomischen und gesellschaftlichen Fortschritts (Marx 1867: 664). Er weist darauf hin, dass die technische und organisatorische Weiterentwicklung immanent in der Systemlogik des Kapitalismus enthalten ist: Der Konkurrenzdruck zwingt die Unternehmer (Kapitalisten), ihre Arbeiter immer effizienter einzusetzen (Marx 1867: 331 ff; 654; Marx 1847: 7). Gleichzeitig ist der technische Fortschritt aber auch die Ursache für gesellschaftliche Veränderungen, indem die gesellschaftliche Ordnung (die Produktionsverhältnisse) an die veränderte Produktivkraft angepasst werden muss (Marx 1847: 22ff).

Der große Pionier der Innovationsforschung ist der österreichische Ökonom Joseph Schumpeter. Innovation ist für ihn das „Andersverwenden des Produktionsmittelvorrates der Volkswirtschaft" (Schumpeter 1912: 103).

„Produzieren heißt die in unserem Bereiche vorhandenen Dinge und Kräfte kombinieren. Anderes oder anders produzieren heißt diese Dinge und Kräfte anders kombinieren." (Schumpeter 1912: 100)

Schumpeter hat versucht, Innovation durch die Nennung von fünf Fällen zu definieren: 1) die Produktion eines für den Konsumentenkreis neuen Gutes; 2) die Einführung einer in diesem Produktionsbereich neuen Produktionsmethode; 3) die Erschließung eines neuen Absatzmarktes; 4) die Eroberung eines neuen Zulieferers und 5) die Neuorganisation des Marktes.

Weil sich diese weite Definition allerdings recht schwierig operationalisieren lässt, wird heute meist eine deutlich engere und technischere Definition verwendet. Grundlage ist das sogenannte Oslo-Manual der OECD[9]. Zentral wird dabei zwischen Produktinnovationen, also neuen Waren oder Dienstleistungen, sowie Prozessinnovationen, also der Verwendung neuer Techniken oder der Neuorganisation der Produktion, unterschieden (OECD 1992: 8f).

Aber wie wirken sich Innovationen positiv auf das Einkommen einer Region aus? Für Schumpeter gibt es dafür zwei entscheidende Voraussetzungen: Zunächst muss es *Unternehmer* geben, die entgegen aller Widerstände neue Ideen

---

[9] Organisation für Wirtschaftliche Zusammenarbeit und Entwicklung (Organisation of Economic Cooperation and Development)

durchsetzen und damit eingefahrene Routinen durchbrechen. Daneben muss eine Ökonomie den *Markt* als Prozess der schöpferischen Zerstörung wirken lassen. Weil Produktionsmittel nur in einem Bereich verwendet werden können, setzen neue, produktivere Unternehmen die alten Unternehmen unter Druck, die Neuerungen zu übernehmen oder aufzugeben. Neue Kombinationen setzen sich also „durch das Niederkonkurrieren der alten" (Schumpeter 1912: 101) durch.

Obwohl bereits die Klassiker auf die zentrale Bedeutung von Innovationen aufmerksam gemacht hatten, blieb die Entstehung von Neuerungen für den ökonomischen Mainstream noch bis in die 1960er Jahre ein Randphänomen. Die neoklassische Standardtheorie konzentriert sich auf die Allokation von knappen Gütern und betrachtet Innovationen als exogene Größe, als „manna from heaven", wie Fagerberg (2003) es ausdrückt. In den vergangenen zwei Jahrzehnten ist die Literatur zu diesem Thema aber regelrecht explodiert: Die Innovationsökonomik ist ein riesiges Forschungsgebiet, über das man nur noch schwer den Überblick behalten kann.

Versucht man die Entwicklungen der Innovationsforschung zusammenzufassen, gibt es seit Schumpeter zwei große Entwicklungen (Blättel-Mink 2006; Braun-Thürmann 2005; Fagerberg 2003; Verspagen 2003; Maier et al 2006):

a)   *Vom linearen Prozess zur rückgekoppelten Innovation (Innovation als Evolution)*

Bei der Betrachtung von Innovationen als *Prozess* – wie entstehen Innovationen? – war lange Zeit basierend auf Schumpeter eine lineare Vorstellung üblich: Eine Idee nimmt von der Invention, also der Erfindung in der FuE-Abteilung, über die Innovation, also der Verwandlung in ein marktfähiges Produkt durch die Produktion, bis zur Diffusion, also der Einführung des Produkts oder Prozesses in den Markt durch die Marketing-Abteilung, ihren strikten Weg entlang der Arbeitsteilung im Unternehmen.

Inzwischen wird Innovation dagegen meist als rückgekoppelter, interaktiver Prozess gesehen. Dabei wird davon ausgegangen, dass der Innovationsprozess von Rückschlägen, Verbesserungen aber auch Widerständen gekennzeichnet ist. So sind Innovationen nicht immer technologiegetrieben, sondern entstehen oft durch Anregungen von Kunden, Partnern oder Lieferanten. Dabei spielt insbesondere Pfadabhängigkeit eine Rolle: Ein einmal eingeschlagener Weg lässt sich nicht ohne weiteres korrigieren (Blättel-Mink 2006: 31; Braun-Thürmann 2005: 30ff; Maier/Tödtling 2005: 109f)

b)   *Vom Akteur zum System (Innovation als System/Netzwerk)*

Eng zusammenhängend mit der ersten Entwicklung kommt es auch auf der Ebene der Betrachtung von Innovationen als Strukturen – wo und durch wen entstehen Innovationen? – zu einer Änderung der Sichtweise. Innovationen werden nicht mehr als bahnbrechende Ideen eines Einzelnen, sondern meist als Ergebnisse der Zusammenarbeit mehrerer Akteure und Organisationen verstanden (Braun-Thürmann 2005: 65ff; Fagerberg 2003: 8ff).

Beide Ideen zusammen sind Grundlage für die heute wohl bekannteste Sicht auf Innovationen: die Theorie der Innovationssysteme. Bevor wir uns ihr zuwenden, betrachten wir die Regionalökonomik als zweite theoretische Grundlage.

2.2 Regionalökonomik

Wir haben bisher gesehen, dass Innovationen offenbar für die Leistungsfähigkeit von Regionen entscheidend sind und dass Innovationen in arbeitsteiligen, evolutionären Prozessen entstehen. Aber wie wirkt die Region auf Innovationen? Was macht eine Region erfolgreicher als eine andere?

Wie schon an meiner Fragestellung erkennbar, gibt es offenbar erfolgreiche und weniger erfolgreiche Regionen. Warum? Leamer (2007) vertritt die These, dass räumliche Nähe langfristige Beziehungen zwischen Käufern und Verkäufern etabliert (Leamer 2007: 85). Dadurch wird Vertrauen aufgebaut und es kommt zu Kooperationsbeziehungen, die auf idealtypischen Märkten niemals zustande kämen. Pfadabhängig und selbstverstärkend entwickeln sich so aus kleinen Unterschieden große regionale Leistungsdifferenzen. Das führt – wie beispielsweise der Soziologe Martin Heidenreich ausführt – zu einer „Paradoxie der Globalisierung" (Heidenreich 1997: 2): Vorteile im weltweiten Wettbewerb entstehen aus regionaler Einbettung. Aber was macht Regionen erfolgreich?

Standortfaktoren

Die einfachste Antwort eines Ökonomen auf die Frage nach der Leistungsfähigkeit einer Region ist wohl der Verweis auf die Produktionsfunktion. Diese Grundformel der ökonomischen Theorie nimmt an, dass Einkommen aus der Kombination von Inputfaktoren entsteht. Mathematisch-formal wird daraus eine Funktion, die mehrere Inputs einem Output zuordnet. Meist werden Arbeit, Kapital und Boden, also natürliche Ressourcen, als Inputfaktoren angesehen (Bröcker 2007: 72; Maier et al. 2006: 24f). Da natürliche Ressourcen in einer Region im Normalfall als konstant angesehen werden können, bleiben zur Verbesserung des Einkommens die Erhöhung des Kapitals oder der Arbeit. Der Arbeitseinsatz kann dabei entweder durch Bevölkerungszuwachs oder durch die Ausweitung der Erwerbsquoten beziehungsweise der Arbeitszeiten gesteigert werden.

Eine zentrale Möglichkeit für eine Region, ihren Output zu erhöhen ist also das Anlocken von Kapital und Arbeit. Dafür muss die Region attraktiv sein, wofür sich der Begriff der Standortfaktoren entwickelt hat. Wir unterscheiden harte Standortfaktoren wie Steuern, Infrastruktur oder Klimabedingungen und weiche Faktoren, wie das Image, die kulturelle Vielfalt oder die gesellschaftliche Offenheit (Bröcker 2007: 12).

In den vergangenen Jahren sind zunehmend die weichen Faktoren in den Fokus der wissenschaftlichen Betrachtung geraten. Das hat, wie der amerikanische Wissenschaftspopstar Richard Florida (2002) in seinen Thesen zur „kreativen Klasse" ausführt, vor allem damit zu tun, dass in der globalisierten Weltwirtschaft zunehmend kreative und wissensstarke Arbeitnehmer gefragt sind (vgl. auch Porter 1998; Leamer 2007). Florida argumentiert: Weil die fundamentalen Werte dieser neuen Leistungsträger der Gesellschaft Vielfalt, Offenheit und Individualität seien, würden sie Städte bzw. Regionen bevorzugen, die eine lebendige und kreative Kulturszene haben und insbesondere eine ausgeprägte Subkultur (Florida 2002).

Wissen

Wie sich schon im ersten Punkt gezeigt hat, scheint es in den vergangenen Jahren deutliche Veränderungen bei den entscheidenden Stärken im weltweiten Konkurrenzkampf gegeben zu haben – und damit in der Betrachtung durch die Regionalökonomik. Romer (1986; 1994), Begründer der Neuen Wachstumstheorie, nimmt an, dass nicht nur natürliche Ressourcen, sondern auch Kapital und Arbeit begrenzt sind. Will man dennoch Wachstum erklären und – anwendungspraktisch gedeutet – ohne Zuzug Wachstum erreichen, muss man einen weiteren Inputfaktor einbeziehen, der nicht natürlich begrenzt ist: Wissen.

Als erstes versuchte Solow (1956) das offenbar nicht durch die Steigerung von Arbeit und Kapital entstandene Wachstum in die mathematische Produktionsfunktion einzuführen. In seiner neoklassischen Wachstumstheorie modellierte er technischen Fortschritt als exogene Variable, die automatisch im Laufe der Zeit wächst und zwar überall gleich. Diese Annahme wurde in zahlreichen Studien durch reale Daten widerlegt: Das technologische Potenzial wächst in verschiedenen Regionen offenbar unterschiedlich schnell. Romer (1986) führt das auf Wissens-Spillover zurück. Er nimmt an, dass Investitionen in Wissen eine „natürliche Externalität" besitzen. Weil Wissen niemals perfekt patentiert oder geheim gehalten werden kann, partizipieren auch andere davon.

Von den Innovationen und Verbesserungen eines Unternehmens profitieren also auch andere Firmen in der räumlich näheren Umgebung, ohne dass diese dafür (vollständig) bezahlen. Wissen hat darüber hinaus im Gegensatz zu anderen Gütern keine natürliche Begrenzung, sondern wächst grenzenlos und selbstverstärkend. Das hat weitreichende Folgen: Die Unterschiede zwischen Regionen bleiben durch die Selbstverstärkung des Wissens auf lange Zeit erhalten – und verstärken sich tendenziell sogar (vgl auch Maier et al: 93ff). In den vergangenen Jahren hat sich eine breite Diskussion über das Gut Wissen entwickelt. Entscheidend ist dabei, dass Wissen offenbar mehr ist als Information. Informationen sind explizit in Sprache kodiert. Es gibt allerdings auch Wissen, das nicht oder nur schwer explizierbar ist beziehungsweise nur zu sehr hohen Kosten als Information transferiert werden kann. Meist wird es als tacides Wissen oder sticky information bezeichnet (Bröcker 2007; von Hippel 1994; Polanyi 1958). Ein beliebtes Beispiel ist Radfahren: Es ist äußerst schwierig, nur mit Bildern und Text zu vermitteln, wie man Fahrrad fährt. Die Informationen müssen von Angesicht zu Angesicht (face-to-face) übertragen werden, weil dort mehr Kommunikationsmöglichkeiten und direkteres Feedback möglich ist. Gerade im Bereich von Neuerungen, also Innovationen, muss ein hohes Maß an solchem Wissen transferiert werden (von Hippel 1994).

Kooperation in Netzwerken und Clustern

Wir haben gesehen, dass Wissen entscheidenden Einfluss auf den wirtschaftlichen Erfolg von Regionen hat. Neben Wissenspillovern – also der nicht intendierten Übertragung von Wissen zwischen Unternehmen, beispielsweise durch Personalwechsel oder Informationslecks (Glaeser et al.1992; Klepper/Sleeper 2005) – ist die lokale Kooperation für die lokale Wissensvermehrung entscheidend. Bekannt geworden sind in diesem Zusammenhang vor allem die Begriffe Cluster und Netzwerk.

Porter (1998) definiert Cluster als „geographic concentrations of interconnected companies and institutions in a particular field" (Porter 1998: 78). Cluster sind für ihn ein alternativer Weg, die Wertschöpfungskette zu organisieren – zwischen Märkten auf der einen Seite und Hierarchien auf der anderen Seite. An der gleichen Stelle setzt auch die Vorstellung von Netzwerken an. Koschatzky definiert Netzwerke als eine spezifische Art der Interaktion mit externen Partnern zwischen Markt und Hierarchie (Koschatzky 2003: 3).

Diese Zwischenform der Koordination neben Markt und Unternehmen – ob man sie nun Cluster oder Netzwerk nennt – senkt die Transaktionskosten[10], argumentieren beide Ansätze. Sie sind flexibler als Hierarchien, aber besser koordinierbar als Markttransaktionen. Außerdem führen Cluster und Netzwerke zu Vertrauen, was bei Innovationen entscheidend ist, weil Verträge aufgrund der Unsicherheit der Ergebnisse niemals vollständig seien können. (Bröcker 2007:

---

[10] Transaktionskosten sind die Aufwendungen, die bei der Inanspruchnahme eines Marktes entstehen (Fritsch et al. 2008: 10). Dazu gehören beispielsweise die Kosten, die entstehen, um einen geeigneten Transaktionspartner zu finden, einen Vertrag auszuhandeln oder die Einhaltung dieses Vertrages zu überprüfen.

6ff; Putnam 1993; Offe 2001) So werden in regionalen Netzwerken durch langfristige Absprachen Risiken des gegenseitigen Übervorteilens durch opportunis-
tisches Verhalten minimiert, Such- und Verhandlungskosten sind geringer und
zunehmende technologische Interdependenzen und ein gemeinsamer Wissen-
spool erleichtern gegenseitige Lernprozesse. (Porter 1998: 78ff; Heidenreich
1998: 5; Koschatzky 2003: 7; Genosko 1999: 48f)

Ähnliche Argumentationen finden sich in weiteren wissenschaftlichen Diskussionen, unter anderem zu industriellen Distrikten, lernenden Regionen oder
innovativen Milieus (Koschatzky 2001). Dabei hat die Masse an Publikationen
auch erheblichen Einfluss auf die politische Debatte um lokale Wirtschaftsförderung gehabt. So gab es in der Innovationsförderung des Bundes in den 1990er
Jahren eine deutliche Akzentverschiebung (Kulicke 2003; Blöcker/Rehfeld
2001): Neben der direkten Förderung von Unternehmen, Forschungsprojekten
oder Verbundprojekten zwischen Unternehmen und Forschern wurde nun auch
die Förderung von Kooperationsnetzwerken oder Clustermanagement unter-
stützt. Dabei wurde explizit nicht mehr in der Breite gefördert („Gießkannen-
Prinzip": Jedem ein bisschen), sondern die Starken („Matthäus-Prinzip": Wer da
hat, dem wird gegeben werden).

Export

Wird für die Wirtschaftsförderung nach Stärken einer Region gesucht, werden
im Normalfall zunächst die Leitindustrien identifiziert. Dabei gelten die Exporte
als ausschlaggebender Indikator, weil sie als Wachstumsmotor betrachtet werden
(Paque 2009; Paque 2010). Die theoretische Grundlage hierfür bildet die Export-
Basis-Theorie. (Schätzl 2003: 149 ff; Maier et al. 2006: 33ff).

Grundhypothese dieser Theorie ist, dass das Wirtschaftswachstum einer
Region entscheidend von der Entwicklung ihres Exportsektors abhängt. Regionen bestehen demnach aus einem exportierenden Bereich (der Basis) und einem
nicht-exportierenden Bereich (Nicht-Basis). Zu ersterem gehören Industrie und
Tourismus, zum letzteren lokale Güter und Vorleistungen wie Gaststätten und
Friseure. Die Idee der Export-Basis-Theorie ist, dass der Basisbereich Einkommen aus anderen Regionen erzielt, das dann über Entgelte für lokale Güter und
Dienste in den Nicht-Basis-Bereich fließt. Das Exporteinkommen löst also einen
intraregionalen Multiplikatorprozess aus. Der Einkommenszuwachs der Region
liegt deutlich über dem Wachstum des Exportsektors oder um es plastischer zu
machen: Steigt die weltweite Nachfrage nach Medizintechnik, steigen die Um-
sätze der Unternehmen in Tuttlingen, diese können ihre Löhne erhöhen, welche
die Tuttlinger zum Teil für Restaurant- oder Kneipenbesuche wieder ausgeben.

An dieser Theorie gibt es weitreichende Kritik, insbesondere aufgrund der
Einfachheit des Modells (Schätzl 2003: 153f; Maier et al. 2006: 38ff). Es wird

vor allem kritisiert, dass die Theorie einseitig nachfrageorientiert das Produktionspotenzial einer Region vernachlässigt. Es funktioniert nur, wenn man annimmt, dass die Produktionskapazität der Region nicht voll ausgelastet ist – weil sonst durch die Zusatznachfrage aus den Exporteinkommen gar kein weiteres Wachstum entstehen könnte. Daneben werden die Effekte der regionalen Nachfrage – beispielsweise Investitionen oder technischer Fortschritt – genauso wenig berücksichtigt wie die Abhängigkeit des Basissektors von der Leistungsfähigkeit des lokalen Sektors. Schließlich klammert die Theorie die Entstehung der Nachfrage im Ausland aus – und vernachlässigt damit einen entscheidenden Punkt: Würden alle Regionen in ein Modell integriert, bliebe kein Platz mehr für externe Nachfrage (außer vielleicht vom Mond).

Marktgröße

Im Gegensatz zu der stark auf Wissen basierenden Forschung erklären sich die regionalen Unterschiede für die Neue Ökonomische Geographie aus Marktgrößeneffekten. Begründet wurde die dieser Ansatz von Krugman (1991; 1998), der dafür 2008 den Wirtschaftsnobelpreis erhalten hat. Er hat ein einfaches Modell vorgestellt, wie sich ein Land in einem selbstverstärkenden Prozess in einen industrialisierten Kern und eine landwirtschaftlich geprägte Peripherie entwickelt.

Die Theorie basiert auf zwei Handlungsannahmen: a) Firmen versuchen, möglichst hohe Stückzahlen zu produzieren, um Economies of Scales zu erreichen, und wollen gleichzeitig die Transportkosten so niedrig wie möglich halten. b) Arbeiter ziehen immer dort hin, wo die Reallöhne am höchsten sind – sie also mit ihrem Nominallohn am meisten konsumieren können. Krugman zeigt mathematisch, dass Industrie-Unternehmen sich dort ansiedeln, wo die größere Nachfrage herrscht, weil sie dort von großen Zulieferer- und Abnehmermärkten profitieren. Gleichzeitig hängt aber auch die Nachfrage (also die Ansiedlung der Arbeitnehmer) von der Verteilung der Produktion ab, weil der Reallohn in Ballungsgebieten aufgrund höherer Löhne und niedrigerer Preise besser ist.

Es kommt also zu einem selbstverstärkenden Prozess, der die Differenzen zwischen zwei Regionen festigt: Die Industrie geht dahin, wo die Nachfrage ist, aber auch die Nachfrage siedelt sich da an, wo die Industrie ist. Wie weit die Differenzierung in Land-Peripherie geht, hängt von ökonomischen Ausgangsbedingungen ab: Sind die Transportkosten hoch, aber die Skaleneffekte schwach, dann ist die Differenzierung gering, weil die Industrie der Ansiedlung der Landwirtschaft folgt. Sind allerdings die Transportkosten niedrig und die Skaleneffekte hoch, siedelt sich die Industrie in einigen Kernen an – und es kommt zu der Ausprägung der Land-Stadt-Differenzen.

Was haben wir bisher gesehen? Die Regionalökonomik identifiziert drei Prozesse, in denen sich die Leistungsfähigkeit bzw. die Schwäche von Regionen reproduziert.

a)   *Marktgröße (Neue Ökonomische Geographie)*
      Unternehmen siedeln sich dort an, wo viele Konsumenten leben. Konsumenten ziehen als Arbeitnehmer dorthin, wo Unternehmen Arbeit bieten.

b)   *Kultur (Kreative Klasse)*
      Kreative Arbeitnehmer ziehen bevorzugt in kreative und offene Umgebungen, wodurch sie diese wiederum kreativer und offener gestalten.

c)   *Wissen (Neue Wachstumstheorie)*
      Wissen wächst als nicht begrenztes Gut exponentiell besonders stark dort, wo schon Wissen vorhanden ist.

Da die Marktgröße politisch nicht oder nur sehr schwer zu beeinflussen ist, fokussieren praxisorientierte Ansätze auf Kultur und Wissen. Dominant ist dabei inzwischen der Ansatz der Innovationssysteme.

2.3 Die Theorie der Innovationssysteme

Seit den 1980er Jahren hat sich in Wissenschaft und Politik die Erkenntnis durchgesetzt, dass neue Produkte und Ideen meist nicht von isolierten Einzelnen ersonnen werden, sondern in Teams aus Experten verschiedener Fachrichtungen und in Zusammenarbeit verschiedener Organisationen entstehen, wobei die (institutionelle und kulturelle) Umgebung als Anreizgeber und Regelsystem eine entscheidende Rolle spielt. (Edquist 2003) Dieser Gedanke tauchte parallel in mehreren wissenschaftlichen Diskussionen auf, unter anderem zu Clustern (Porter 1998) und Netzwerken (Powell 1990). Der Begriff der Innovationssysteme entstand in der Zusammenarbeit zwischen dem Dänen Bengt-Åke Lundvall, dem Amerikaner Richard R. Nelson und dem Engländer Christopher Freeman (Lundvall 2007; Lundvall 2009).

Ursprünglich war das Konzept als alternative Denkweise zur in der Ökonomie vorherrschenden Neoklassik gedacht (Lundvall 2007). Hauptkritikpunkt am ökonomischen Mainstream war dabei, dass er die wichtigste Ressource in der modernen Wirtschaft ausklammere: Wissen (nicht nur Information!) mache den Unterschied zwischen Erfolg und Misserfolg. Damit wird Lernen der wichtigste Prozess einer Volkswirtschaft (ebd.). Lernen benötige aber wiederum langfristige Beziehungen, die auf Vertrauen, Loyalität und Macht beruhen – und könne gerade nicht auf Märkten entstehen, die von der Neoklassik untersucht werden (Lundvall 2009).

Trotz dieses Anspruches ist der Ansatz weniger eine ausgearbeitete, formale Theorie, denn ein Analyseraster oder ein Blickwinkel auf ein Problem. Seine Stärke ist es, holistisch alle wichtigen ökonomischen, sozialen und politischen Faktoren erfassen zu können, die bei der Entstehung einer Innovation eine Rolle spielen (Edquist 2003). Die größte Schwäche sind die wenig ausgearbeiteten Begriffe, die von vielen Autoren unterschiedlich verwendet werden (Edquist 2003; Nelson/Rosenberg 2009; Hassink/Ilbert 2009).

Schon das Wort Innovationssystem beruht auf zwei höchst diffusen Begriffen. Unter Innovationen wird in den Arbeiten meist ein breites Konzept von Neuerungen im Sinne von Schumpeters neuen Kombinationen (Schumpeter 1912: 100f) verstanden. Dabei werden nicht nur rein technische Neuerungen betrachtet, sondern „alle Prozesse (...) mittels deren Firmen ihre Produktdesigns und Produktionsprozesse bewältigen und umsetzen und die dabei eine allgemeine Neuerung darstellen." (Nelson/Rosenberg 1993: 52) Damit werden beispielsweise auch organisatorische Neuerungen erfasst.

Schwieriger wird es beim Begriff System. Bei der Entstehung des Konzeptes wurde nicht – wie Soziologen vielleicht erwarten würden – auf die Systemtheorie zurückgegriffen. Tatsächlich ist der Begriff deutlich unklarer. Lundvall zufolge beruhte die anfängliche Entscheidung für das Wort System auf einigen simplen Ideen (Lundvall 2007): Der Begriff unterstreiche die Zusammenhänge und Interaktionen zwischen den Akteuren und betone Emergenz (Das Ganze ist mehr als die Summe seiner Teile). Außerdem erlaube er eine Betrachtung der Ko-Evolution der Elemente und Verbindungen.

Trotz aller Unklarheiten sind sich die Autoren einig, dass wir es bei der Betrachtung von Innovationssystemen mit drei Ebenen zu tun haben: Zum einen mit den Elementen (Akteuren) und zum anderen mit deren Verbindungen (Beziehungen), die wiederum vor allem durch Regeln, Gesetze und kulturelle Gepflogenheiten (Institutionen) geprägt sind. Die Grundthese des Ansatzes: Ein Innovationssystem ist umso erfolgreicher, je stärker die einzelnen Akteure sind und je besser die Arbeitsteilung zwischen ihnen ist (Schröter 2009; Fritsch 2007). Wie gut diese Zusammenarbeit funktioniert, hängt dabei im Wesentlichen vom institutionellen Setting ab (Ebner 2009).

Akteure

Die zentralen Akteure in Innovationssystemen sind Firmen und Forschungseinrichtungen sowie unternehmensorientierte Dienstleister (Fritsch 2007; Schröter 2009; Maier et al. 2006: 116ff). Die Forschungseinrichtungen (Universitäten

u.a.) absorbieren und speichern Wissen und sorgen durch Ausbildung von Fachkräften, Spin-Off-Gründungen oder Kooperationen mit der Wirtschaft für Wis-
senstransfers. Die Privatunternehmen setzen das vorhandene Wissen in Produkte
oder Dienstleistungen um. Die unternehmensorientierten Dienstleister (Ingenieurbüros, Rechtsberatungen, Unternehmensberatungen, Marketing, Marktfor-
schung etc.) unterstützen sie dabei. Darüber hinaus sind natürlich auch staatliche
Akteure wichtig, die Rahmenbedingungen setzen (Ebner 2009).

Beziehungen

Zwischen den Akteuren können zahlreiche direkte Beziehungen und indirekte
Verbindungen bestehen – über Märkte, Kooperationen, persönliche Kontakte.
Tödtling et al (2004) unterscheiden auf zwei Dimensionen vier Arten von Beziehungen (siehe Tab. 1). Sie differenzieren die Beziehungen einmal danach, ob bestehendes Wissen von einem Akteur zum anderen übertragen wird (statisch) oder
ob Akteure gemeinsam neues Wissen schaffen (dynamisch). Auf der anderen
Seite unterscheiden sie, ob die Beziehung formal – also vertraglich abgesichert –
ist oder aus informellen Verbindungen besteht (Tödtling et al. 2004: 5ff; Maier
et al. 2006: 119ff).

	statisch *(Wissenstransfer)*	*dynamisch* *(kollektives Lernen)*
formal	Marktbeziehungen	Kooperationen; Formale Netzwerke
Informell	Wissensexternalitäten; Spillover	Milieus; informelle Netzwerke

Tab. 1: Beziehungstypen in Innovationssystemen (nach Tödtling et al. 2004: 5)

Bestehendes Wissen können die Akteure über Märkte kaufen. Daneben kann
Wissen aber auch durch Spillover an andere Akteure übergehen – ohne dass diese Vermittlung vertraglich vereinbart oder finanziell kompensiert wurde. Eine
weiter reichende Form der Beziehung ist die über reine Wissensvermittlung hin-
ausgehende Zusammenarbeit an neuen Erkenntnissen, beispielsweise in Form
von Forschungs-Kooperationen. Neben den formalen Netzwerken sind dabei in-

formelle Milieus wichtig. Dazu gehört neben freundschaftlichen Verhältnissen zwischen Ingenieuren verschiedener Firmen, die sich gegenseitig weiterhelfen, auch ein durch das institutionelle Setting bestimmtes Kooperationsmilieu, das ein wechselseitiges Vertrauen zwischen den Akteuren vermittelt. Putnam (1993) verwendet dafür den Begriff Sozialkapital. Der Begriff ist allerdings deutlich anders konzipiert als bei Bourdieu[11], mit dem wir uns später beschäftigen.

Institutionelles Setting

Die Akteure in Innovationssystemen agieren begrenzt rational in unsicheren Umwelten, sind in institutionelle Settings eingebettet und von geteilten Vorstellungen einer Kultur geprägt (Malerba 2002: 249 ff). Die Art der Verbindungen zwischen ihnen ist im Wesentlichen vom institutionellen Setting bestimmt.

Man könnte bei den Institutionen – so unterschiedlich dieser Begriff in den einzelnen Strängen des Innovationssystemansatzes konnotiert ist – auch von den Spielregeln des Innovationssystems sprechen. Dabei spielen immer Institutionen auf verschiedenen Ebenen eine Rolle: die formalen Regeln und Unternehmenskulturen von Unternehmen und anderen Organisationen (Mikroebene); die Gepflogenheiten und Gesetze zur zwischenbetrieblichen oder interorganisationalen Zusammenarbeit (Mesoebene); der politisch-ökonomische Ordnungsrahmen und die regionalen bzw. nationalen Entwicklungspfade (Makroebene). (Ebner 2009: 124 ff)

Eine entscheidende Eigenschaft von Innovationssystemen ist, dass sie nicht starr sind. Akteure, Umwelt, Verbindungen und Institutionen verändern sich in einem evolutionären Prozess (Ebner 2009; Malerba 2002; Lundvall 2009). So entstehen durch Suchprozesse in unsicheren und sich ändernden Umwelten erst Neuerungen – verschiedene Technologien, Produkte, Firmen oder Organisationen –, die dann von Märkten und sozialen Kontexten selektiert werden. Einige überleben, andere nicht.

Dabei betont der Ansatz im Gegensatz zur Neoklassik neben der Marktselektion explizit auch die selektive Wirkung des sozialen Kontextes: Akteure sind in das institutionelle Setting eingebettet, sie teilen gewisse Vorstellungen, Ziele und Erwartungen. Dadurch haben vorhandene technologische Entwicklungspfade (Regimes) einen entscheidenden Einfluss darauf, welche Technologien weiter entwickelt werden. (Malerba 2002: 249)

Wo finden wir nun aber Innovationssysteme? Ursprünglich wurde der Ansatz als Vergleichsrahmen für verschiedene Länder als Nationale Innovationssys-

---

[11] Bei Putnam ist Sozialkapital eine kollektive Ressource einer Gemeinschaft. Je mehr generalisiertes Vertrauen zwischen den Akteuren vorhanden ist, desto erfolgreicher ist die Gruppe (Putnam 2001: 19). Bei Bourdieu ist Sozialkapital dagegen eine individuelle Ressource, eine Art „Vitamin B", das dem einzelnen in vielen Situationen Vorteile bringen kann (vgl. auch Kapitel 6)

teme entwickelt (Lundvall 2009; Nelson/Rosenberg 1993), später wurde er auf Regionen (Cooke 2001) und Sektoren (Malerba 2002) ausgeweitet. Tatsächlich scheinen alle drei Ebenen wichtig für den Innovationsprozess: Nationen bieten das übergeordnete Institutionensystem, Regionen bilden den wesentlichen kulturellen Rahmen für Face-to-face-Lernprozesse und Spillover und Sektoren bestimmen die pfadabhängige Wissensproduktion, die betrieblichen Suchroutinen und das Marktverhalten.

Wir haben nun die theoretischen Grundlagen der Regional- und Innovationsökonomik betrachtet. Als nächstes gilt es, die tatsächliche Situation in Ostdeutschland zu betrachten und danach die Ursachen für den Rückstand zu diskutieren.

3. Ostdeutschland heute – Wo steht der Osten?

„Politisch ist die Einheit gelungen, wirtschaftlich betrachtet ist sie eine Katastrophe."[12]

„Der weitaus größte Teil Ostdeutschlands ist zu einem ökonomischen Notstandsgebiet geworden, das in allen Belangen hinter dem Weststandard zurückbleibt", resümierte das Nachrichtenmagazin Der Spiegel zwanzig Jahre nach der deutsch-deutschen Wiedervereinigung (Neubacher/Sauga 2010: 75). Mit 1,3 Billionen Euro habe der Westen dem Osten unter die Arme gegriffen – und doch sei das Ergebnis enttäuschend: Der Osten bleibt schwach und hängt am Tropf des Westens.

Der Aufbau Ost polarisiert. An westdeutschen Stammtischen wird zwanzig Jahre nach der Wende immer noch genauso auf teure Spaßbäder und überdimensionierte Kläranlagen geschimpft, wie in ostdeutschen Kleingartenanlagen über die Wessis gelästert wird, die mit ihrer Geldgier die ostdeutsche Industrie vor die Wand gefahren haben. Von West gen Ost schaut man argwöhnisch auf Marmorbürgersteige und das anscheinend gute Leben auf Staatskosten, von Ost gen West neidisch auf das offenbar dickere Portemonnaie.

Bei Themen, die so stark emotional aufgeladen sind, hilft es häufig, erst einmal einen nüchternen Blick auf die Statistiken zu werfen: Sind die neuen Bundesländer ein Notstandsgebiet? Leben die Ostdeutschen wie die Made im Speck – oder geht es ihnen schlechter als den Menschen im Westen?

3.1 Wirtschaftliche Leistungsfähigkeit und Lebensstandard

Fährt man heute durch Ostdeutschland, muss man Helmut Kohl unweigerlich Recht geben. Es gibt sie, die blühenden Landschaften. In Erfurt, Weimar, Leipzig oder Dresden kann man durch wunderschön sanierte Altstädte flanieren. Zwischen den Städten lässt es sich entspannt auf gut ausgebauten Autobahnen fahren. Es gibt sanierte Theaterhäuser, gepflegte Parkanlagen und sehenswerte Museen.

Doch nicht nur der äußere Schein hat sich verändert. Betrachtet man das Leben der Menschen in Ostdeutschland, hat sich vieles rasant verbessert. Deut-

---

[12] Edgar Most, ehemaliger Vize-Chef der DDR-Zentralbank (Jung/Tietz 2010)

lichstes Zeichen ist die durchschnittliche Lebenserwartung der Ostdeutschen, die seit der Wiedervereinigung um mehr als fünf Jahre gestiegen ist (destatis 2010: 15). Im Durchschnitt wohnt ein Ostdeutscher inzwischen auf 39,7 Quadratmetern – rund ein Drittel mehr als vor 20 Jahren (Ragnitz et al 2010). Und die Ausstattung mit langlebigen Konsumgütern wie Autos oder Handys hat sich an das Westniveau angeglichen. Betrachtet man die Lebensverhältnisse ist Deutschland ein weitgehend geeintes Land (siehe Tab 2).

Doch die angeglichen Lebensverhältnisse sind nur ein Teil der Wahrheit. Die Konsumausgaben liegen im Osten immer noch deutlich unter denen im Westen. Im Jahr 2008 haben die ostdeutschen Haushalte im Monat durchschnittlich rund 1857 Euro für Konsum ausgeben – rund 476 Euro oder ein Fünftel weniger als ein durchschnittlicher westdeutscher Haushalt (destatis 2010).

		Aufholstand 1991	Ost-Wachstum (1991-2009)	Aufholstand 2009
Wirtschaft	BIP je Einwohner[1]	33,3 %	197 %	70 %
	Arbeitsproduktivität, (BIP je Erwerbstätigen)[1]	34,9 %	211 %	79,2 %
	Verfügbares Einkommen[1]	51,8 %	93 %	78 %
	Unterbeschäftigten -quote[1]	434 %	- 43 %	166 %
Lebens- standard	Lebenserwartung Frauen bei Geburt[2]	97,1 %	6,5 %	99,6 %
	Haushalte mit Autos[1]	71,4 % (1988)	40 %	97,6 % (2008)
	Haushalte mit Telefon[1]	17,2 % (1988)	462 %	100,5 % (2008)
	Wohnfläche je Person[1]	74,2 % (1989)	35 %	86,1 %

Tab. 2: Überblick Wirtschaft und Lebensstandard (eigene Berechnungen aus Ragnitz/Lehmann/May 2010 (1), jeweils ohne Berlin sowie destatis 2010 (2), jeweils neue Länder mit Berlin)

Grund sind die ebenfalls rund ein Fünftel niedrigeren Einkommen in Ostdeutschland. Trotz weitgehend angeglichener Tarifverträge lagen die Bruttolöhne und Gehälter je Arbeitnehmer 2008 nur bei rund 81,5 Prozent des Westens. Ein ähnliches Bild ergibt sich, wenn wir die verfügbares Einkommen betrachten – also das Geld, was den Haushalten für Konsum und Sparen zur Verfügung steht.[13] Es lag 2008 in Ostdeutschland bei 15 536 Euro und damit bei rund 78 Prozent des Westniveaus (destatis 2010).

Betrachtet man die Einkommen nach sozialen Gruppen differenziert, zeigt sich, dass vor allem Familien im Westen deutlich besser gestellt sind. Im Osten lebt rund jede fünfte Familie von weniger als 1300 Euro Familiennettoeinkommen im Monat – das sind fast doppelt so viele Familien wie im Westen. Gleichzeitig hat im Westen jede zweite Familie mehr als 2600 Euro monatlich zur Verfügung, während das im Osten nur auf jede dritte Familie zutrifft (destatis 2010).

Aber warum verdienen die Menschen im Osten weniger? Denkbar sind zwei Erklärungen: Entweder sind die Unternehmen nicht bereit, mehr zu bezahlen – weil sie aus einem genügend großen Pool an Arbeitnehmern auswählen können. Oder die Unternehmen sind einfach weniger leistungsfähig und damit gar nicht in der Lage mehr zu zahlen.

Die fünf ostdeutschen Bundesländer ohne Berlin erwirtschafteten 2009 ein Bruttoinlandsprodukt von 282 Milliarden Euro. Das entsprach rund 21 760 Euro pro Einwohner – und damit etwa 70 Prozent des Westwertes (Ragnitz et al 2010: 14ff). Weil es im Osten fast doppelt so viele Hartz-IV-Empfänger gibt als im Westen (destatis 2010), verkürzt sich der Rückstand etwas, wenn wir das BIP auf die Arbeitnehmer beziehen – also nach der Produktivität fragen. Ein ostdeutscher Arbeitnehmer erwirtschaftet durchschnittlich etwa 80 Prozent seines westdeutschen Kollegen (Ragnitz et al 2010: 14ff). Bedenkt man allerdings, dass die Ostdeutschen im Schnitt länger arbeiten (Paque 2010: 147) und betrachtet die Arbeitsproduktivität pro Arbeitsstunde als Indikator für die Leistungsfähigkeit der Arbeitnehmer und Unternehmen, erreicht der Osten nur noch 75,6 Prozent des Westwertes (Ragnitz 2009: 4).[14]

Können wir nun schließen, dass die Ostwirtschaft bei ungefähr 75 Prozent der Leistungsfähigkeit der Westwirtschaft steht? Nein. Denn damit würden wir – wie leider oftmals in der Debatte – die Interdependenzen von Ost und West ignorieren. Der Wert wird durch drei Faktoren verzerrt:

a) Sozialtransfers
   Tatsächlich wird in Ostdeutschland mehr konsumiert als produziert. Der Verbrauchsgüterüberhang lag 2007 bei etwa 110 Prozent – ist allerdings seit

---

[13] Im Vergleich zu den Löhnen sind bei den Einkommen noch die Sozialleistungen hinzugerechnet, während Steuern und Sozialbeiträge abgezogen werden.
[14] Es ist hier immer zu bedenken, dass für diese Produktivitätsberechnungen kein „objektives" Leistungsmaß der konkreten Arbeit die Grundlage ist, sondern die Werte der verkauften Waren. Das muss nicht heißen, dass ostdeutsche Arbeitnehmer nicht mehr leisten, also beispielsweise qualitativ bessere Produkte herstellen, die sie aber nicht zu einem angemessenen Preis verkaufen können oder wollen.

1991 von 172 Prozent gesunken (Ragnitz et al 2010: 12). Hinter dem Wort Verbrauchsgüterüberhang verbirgt sich dabei nichts anderes, als dass die heimische Nachfrage teilweise durch Transfergelder aus dem Westen finanziert ist. Blum et al. (2009) beziffern die West-Ost-Transfers auf zwischen 70 und 80 Milliarden Euro im Jahr. Die Westtransfers würden das ostdeutsche BIP also um ein Viertel erhöhen – und damit im gleichen Maße die Produktivität.

b) Pendler und Brain Drain
   Das ist allerdings nur die eine Richtung der Verzerrung. Rund 300 000 Ostdeutsche pendeln zur Arbeit in den Westen, rund 1,1 Millionen Menschen sind seit 1990 vom Osten in den Westen gezogen. Die Pendler tragen Schätzungen zufolge rund acht Milliarden Euro (Paqué 2009: 185), die Abwanderer etwa 60 Milliarden Euro (Ettel/Greive 2010) zum westdeutschen BIP bei. So gleicht sich der Transfer also schon nahezu aus. Darüber hinaus muss man bedenken, dass der Osten für westdeutsche Unternehmen ein immenses Absatzgebiet darstellt und darüber ein Teil der Transfers direkt wieder zurückfließt.

c) Preisniveau
   Als dritter Faktor wirkt nun noch das Preis- und Lohnniveau auf den Ost-West-Transfer. Im Osten können lokale Dienstleister wie beispielsweise Restaurants oder Cafés wegen des generell niedrigeren Lohnniveaus für eine vergleichbare Leistung einen deutlich niedrigeren Preis verlangen. Das hat zur Folge, dass sie weniger umsetzen und damit letztendlich das BIP und die Produktivität senken. Es kommt also zu einem sich selbst verstärkenden Effekt: Geringe Wirtschaftskraft, niedrige Preise, geringe Wirtschaftskraft (Brenke/Zimmermann 2009b). Es ist unklar, in welcher Größenordnung dieser Effekt die Produktivität verzerrt.

Wir sehen also, dass eine quantifizierende Angabe des Ost-West-Abstandes zumindest problematisch ist. Dennoch dürfte klar sein, dass es einen Rückstand gibt. Zu dessen Beurteilung müssen wir allerdings zwei weitere Gedanken einfügen, die einen pauschalisierten Vergleich schwierig machen.

a) Vergleich mit anderen Ostblock-Ländern
   Die Leistungsfähigkeit der ostdeutschen Wirtschaft und ihre Aufholjagd am Rahmen Westdeutschland zu messen, könnte der falsche Maßstab sein. Vergleicht man die Entwicklung Ostdeutschlands seit 1990 mit anderen osteuropäischen Ländern, die von einem vergleichbaren Niveau starteten, sieht der Rückblick weniger negativ aus. So scheint der durch immense Finanztrans-

fers gestützte Aufbau Ost in Deutschland durchaus erfolgreicher als die Entwicklung in Ländern, die aus eigener Kraft wachsen mussten. Vergleichbar mit der DDR ist vor allem die Tschechische Republik, deren Pro-Kopf-Einkommen heute nur bei 58 Prozent des ostdeutschen Niveaus liegt (Paque 2010: 202ff).

b) Regionale Unterschiede
In der Natur der Fragestellung dieser Arbeit liegt es, dass wir Ostdeutschland als einheitliches Gebilde betrachten – die Gründe dafür liegen, wie erläutert, vor allem in der immer noch vorhandenen moralischen Teilung beider Landeshälften. Ökonomisch gibt es innerhalb Ostdeutschlands aber durchaus beträchtliche Streuung. Obwohl deutschlandweit die schwächsten Regionen immer noch im Osten liegen, gibt es Regionen und Betriebe, die mit dem Westniveau mithalten können. Vergleicht man beispielsweise meinen Heimatkreis Waldeck-Frankenberg in Hessen als westdeutsche Region mit meinem Studienort Jena als Spitzenstandort im Osten, fällt auf, dass das BIP pro Kopf in Jena mit 32 916 Euro gut 15 Prozent höher ist als in Waldeck-Frankenberg mit 28 552 Euro. Hinzukommt, dass Jena Wachstumsraten im hohen einstelligen Bereich verzeichnet, während Nordhessen nahezu stagniert.[15] Es ist daher durchaus fraglich, ob es überhaupt gerechtfertigt ist, von der west- oder ostdeutschen Produktivität zu sprechen (Ragnitz 2005: 5; IAB 2010).

3.2 Innovation als künftiger Leistungsindikator

Wir haben bisher gesehen, dass – trotz einiger positiver Ausreißer – die ostdeutschen Firmen und Regionen im Schnitt weniger produktiv sind als ihre westdeutschen Pendants. Wie kann die Lücke zum Westen geschlossen werden? Wie ich in Kapitel 2 erläutert habe, ist für das Generieren von Wirtschaftswachstum die Innovationsfähigkeit der entscheidende Faktor: Indem Ressourcen effektiver eingesetzt werden, kann man mit einem gleichbleibenden Maß an Inputfaktoren Wachstum erzeugen.

Auch beim weiteren Aufbau Ost halten viele Praktiker die technologische Leistungsfähigkeit für die zentrale Variable (Tiefensee 2009; Tietmeyer 2010) und das Innovationssystem für den „schwierigsten Engpass" (Paque 2010: 217). Historisch seien es oft neue Technologien, die rückständigen Volkswirtschaften zu einem Sprung verhelfen (Blum et al. 2010; Paque 2010; Röhl 2009). Daher müsse es das Ziel der Ostfirmen sein, mit neuen Produkten und Verfahren eine

---

[15] Datengrundlage ist das Regionenportal des Statistischen Bundesamtes destatis unter www.destatis.de/onlineatlas.

eigene Nische im weltweiten Konkurrenzkampf zu finden. Nur so seien große Produktivitätssprünge möglich.

Wie technologisch leistungsfähig aber sind die neuen Bundesländer? Wie in Kaptitel 2 erörtert, versteht man Innovationen heute als evolutionäre Prozesse, an denen verschiedene Akteure und Institutionen beteiligt sind. Es gibt verschiedene Möglichkeiten, diesen Prozess zu messen: Man kann die Innovationsfähigkeit erfassen, also den Einssatz in der Forschung und Entwicklung; den Output als entstandene Produkte und Prozesse; oder Patente als Zwischenstadium zwischen Input und Vermarktlichung. Darüber hinaus können wir auch die Zahl der Gründungen betrachten.

Input

Die meisten technischen Innovationen entstehen nicht durch zufällige Ideen Einzelner, sondern durch systematische Forschung und Entwicklung (FuE) mit dem Ziel, vorhandenes Wissen zu erweitern und anzuwenden. Die OECD definiert FuE:

> „Research and experimental development (R&D) comprise creative work undertaken on a systematic basis in order to increase the stock of knowledge, including knowledge of man, culture and society, and the use of this stock of knowledge to devise new applications." (OECD 2002: 30)

Als Inputindikatoren werden meist die FuE-Aufwendungen oder das FuE-Personal verwendet. Wir messen damit also nicht die Menge der tatsächlich realisierten Innovationen, sondern die Ressourcen zur Entwicklung von Innovationen (Audretsch 2002: 18).

Betrachten wir Ostdeutschland als Region, stellen wir fest, dass dort sowohl die FuE-Aufwendungen im Verhältnis zum BIP (die sogenannte Innovationsintensität) als auch der Anteil der FuE-Beschäftigten deutlich geringer als in Westdeutschland sind (vgl. Tab. 3). Die Innovationsintensität liegt mit 2,2 Prozent sogar unter dem OECD-Schnitt. Auffällig ist außerdem, dass die Forschung deutlich stärker von staatlichen Geldern abhängt (Koschatzky/Lo 2005; Astor et al 2010; Eickelpasch 2009). Während im Westen rund zwei Drittel der FuE-Angestellten in der Wirtschaft arbeiten, ist es im Osten nur ein Drittel. In Ostdeutschland wird jeder zweite FuE-Euro vom Staat und den Hochschulen aufgebracht, in Westdeutschland ist es nur nur etwa jeder Vierte (Eickelpasch 2009).

Etwas optimistischer stimmt der Blick auf die Ebene der Unternehmen. Der Anteil kontinuierlich forschender Unternehmen ist in den neuen Ländern höher und die forschenden Ost-Unternehmen wenden im Durchschnitt einen höheren Anteil ihres Umsatzes für FuE auf. Aber auch sie hängen am Staatstropf: Werden im Osten mehr als 60 Prozent der kontinuierlich forschenden Unternehmen öffentlich gefördert, sind es im Westen nur 29 Prozent (Eickelpasch 2009).

Jahr: 2008		Ost	West
INPUT	Innovationsintensität Regionsebene [3]	2,2 %	2,6 %
	Anteil Wirtschaft an FuE-Aufwendungen [4]	43 %	73 %
	Innovationsintensität Betriebsebene [1]	2,8 %	2,6 %
	Unternehmen mit FuE nach IAB [2]	5 %	5 %
	Unternehmen mit kontinuierlicher FuE nach ZEW [1]	13 %	11 %
	Anteil der FuE-Beschäftigten im Verarbeitenden Gewerbe [3]	71 %	89 %
THROUGHPUT	Patentanmeldungen je 100 000 Einwohner [3]	39	62
	Wissenschaftliche Publikationen je eine Million Einwohner [3]	1200	1000
OUTPUT	Innovatorenquote ZEW [1]	44 %	48 %
	Innovatorenquote IAB [2]	34 %	43 %
	Umsatzanteil neuer Produkte [1]	14 %	17 %
	Umsatzanteil mit Marktneuheiten [1]	2,7 %	3,2 %
	Kostenreduktion Prozessinnovationen [1]	2,9 %	4 %
GRÜNDUNGEN	Technologie- und wissensintensive Gründungen je 10 000 Erwerbstätige [3]	6,1	8,3

Tab. 3: Überblick Zahlenwerk Innovation[16] (ZEW 2010 (1), IAB 2010 (2), EFI 2010 (3), BMI 2010 (4))

Throughput

Der Einsatz von FuE – also die Bemühungen, Innovationen zu generieren – sagt wenig über den Erfolg dieser Bemühungen aus. Ein gebräuchlicher Indikator für den Erfolg von Forschungsarbeit sind Patente.[17] Sie stellen quasi ein Zwischenergebnis des Innovationsprozesses dar, also potenziell wirtschaftlich verwertbares, neues technisches Wissen. In der Ökonomie sind Patente ein beliebter Indikator, weil sie statistisch flächendeckend erhoben werden und damit prädestiniert für ökonometrische Berechnungen sind. Die Zahl der Patentanmeldungen liegt im Osten bei rund 62 Prozent des Westniveaus – hat sich allerdings in den vergangenen Jahren deutlich angenähert.

Dabei ist aber stets zu bedenken, dass Patente nicht mit Innovationen gleichzusetzen sind: Viele, wenn nicht die meisten patentierten Erfindungen füh-

---

[16] *Definitionen:* Innovationsintensität Regionsebene = FuE-Aufwendungen/BIP; Innovationsintensität Unternehmensebene = Anteil Innovationsaufwendungen/Unternehmensumsatz; Innovatorenquote IAB = Anteil Unternehmen, die im zurückliegenden Jahr eine Produktinnovation erfolgreich abgeschlossen haben; Innovatorenquote ZEW = Anteil Unternehmen, die in den vergangenen drei Jahren eine Produkt- oder Prozessinnovation abgeschlossen haben; neue Produkte = Nachahmerprodukte, die von anderen Unternehmen bereits angeboten werden; Marktneuheiten = Produkte, die das Unternehmen als erstes in einem Markt angeboten hat.

[17] „Patente sind zeitlich begrenzte Schutzrechte zur Verhinderung der unerlaubten Nutzung neuer technischer Verfahren oder Produkte (Erfindungen)." (Eickelpasch 2009: 90)

ren niemals zu einer Innovation, also zu einem vermarktbaren Produkt, weil sich nicht jedes Patent wirtschaftlich erfolgreich nutzen lässt. (Audretsch 2002: 19) Auf der anderen Seite beruht nicht jedes innovative Produkt auf einem Patent. Vor allem kleinere Unternehmen, von denen es in Ostdeutschland besonders viele gibt, melden ihre Ideen nicht als Patente an, weil das Verfahren zu aufwändig und teuer ist, aber auch, weil sie ein Ausnutzen ihres geheimen Wissens befürchten (Eickelpasch 2009: 91).

Output

Schließlich kann man auch die Ergebnisse der Innovationsprozesse in Form von Produkten oder Kostensenkungen in der Produktion betrachten. Größter Nachteil dieses Indikators ist es, dass er nicht flächendeckend vorliegt und auf den unter Umständen verzerrten Selbsteinschätzungen der Unternehmen beruht (Eickelpasch 2009: 93).
Für Ostdeutschland lässt sich feststellen, dass es anteilig weniger Betriebe mit Produktinnovationen gibt. Außerdem erzielen die Ost-Unternehmen mit ihren Innovationen weniger Umsatz und sie senken weniger stark ihre Kosten. Im Zusammenhang mit den seit Jahren anteilsmäßig größeren Aufwendungen, offenbart sich ein Problem: Augenscheinlich mangelt es den Ost-Unternehmen an Innovationseffizienz.

Entrepreneurship

Radikale technische Neuerungen haben in etablierten Unternehmen häufig keine Chance sich durchzusetzen, weil die Unternehmensführung die Potenziale und Risiken nicht richtig einschätzen kann oder die Kannibalisierung ihrer bestehenden Produktpalette fürchtet (Klepper/Sleeper 2005). Als ein wesentlicher Faktor für die regionale Entwicklung werden daher Gründungen von technologie- und wissensintensiven[18] Unternehmen angesehen.
    Dabei ist es nicht einmal entscheidend, dass die Gründungen überleben. Es wird argumentiert, dass neue Unternehmen – in Anlehnung an Schumpeter – den positiven Effekt haben, dass sie Wettbewerb und Marktselektion anregen (Fritsch 2008): Weil Gründungen die Märkte durcheinander bringen, müssen die etablierten Anbieter zur Sicherung ihrer Effizienz die Produktivität steigern. Durch Konkurrenz vor Ort wird die regionale Wettbewerbsfähigkeit und damit die Position im weltweiten Konkurrenzkampf verbessert. Agarwal, Audretsch und Sakar (2008) bezeichnen diesen Effekt in Anlehnung an die kreative Zerstö-

---

[18] technologie- und wissensintensive Branchen = Industriebranchen mit im Schnitt mehr als 3,5% FuE-Aufwendungen/Umsatz; technologieintensive Dienstleister wie Ingenieur- oder Softwarebüros; wissensintensive Dienstleister wie Unternehmens- oder Rechtsberatungen

rung (creative destruction) bei Schumpeter als kreative Schöpfung (creative construction).

Die Zahl der Gründungen im Verhältnis zu den bestehenden Unternehmen (Gründungsintensität) liegt in den neuen Bundesländern mit 101 fast auf dem westdeutschen Niveau von 103 pro 100 000 Unternehmen (destatis 2010: 40). Dabei ist aber zu berücksichtigen, dass im Osten häufiger Unternehmen aus der Arbeitslosigkeit heraus gegründet werden (necessity entrepreneurship) und seltener innovative Unternehmen. So liegt der Anteil der Gründungen in technologie- und wissensintensiven Branchen im Osten bei 6,1 Gründungen pro 10 000 Erwerbstätigen, im Westen bei 8,3 (EFI 2010: 66).

3.3 Ein facettenreiches Bild

Zu Ostdeutschland hat jeder eine Meinung – leider ist diese selten fundiert. Um einen Überblick über dieses emotional hoch aufgeladene Wirrwarr zu gewinnen, haben wir die wichtigsten Indikatoren betrachtet. Wenig überraschend zeigt sich ein facettenreiches Bild.

Betrachtet man die Lebensverhältnisse, ist Deutschland ein weitgehend geeintes Land: Die Ausstattung mit langlebigen Konsumgütern (wie Autos oder Handys), die Wohnverhältnisse oder die Lebenserwartung haben sich nach der Wende in Ostdeutschland schnell gesteigert und sind heute fast in allen Bereichen auf Westniveau. Anders sieht es bei der wirtschaftlichen Leistungsfähigkeit aus. Ostdeutschland erwirtschaftet auch zwanzig Jahre nach der Wiedervereinigung nur rund 75 Prozent des Westens. Dieses Bild wird allerdings relativiert, wenn wir die Entwicklung seit 1990 betrachten: Die ostdeutsche Wirtschaft ist von sehr niedrigem Niveau gestartet und hat sich teilweise rasant entwickelt. Das Bruttoinlandsprodukt (BIP) hat sich inflationsbereinigt fast verdoppelt: Der Osten „leistet" heute also doppelt so viel wie 1990.

Die Vergleichszahlen der wirtschaftlichen Leistungsfähigkeit sind zudem mit großer Vorsicht zu genießen: Zum einen sind die Leistungsunterschiede zwischen den verschiedenen Regionen und Unternehmen in Ostdeutschland – man denke nur an Jena und Apolda – teilweise enorm. Zum anderen sind die Zahlen für Ost- und Westdeutschland nicht unabhängig voneinander: Das BIP wird beispielsweise durch Transfers erhöht, aber gleichzeitig vom niedrigeren Preisniveau im Osten gesenkt.

Wagen wir vom Status quo einen Blick in die Zukunftsfähigkeit der Wirtschaft. Will die ostdeutsche Wirtschaft auf Dauer zum Westen aufschließen, müssen die Unternehmen ihre eigene(n) Position(en) in der weltweiten Arbeitsteilung finden. Mit reinen Nachahmerprodukten und Billig-Produktionsstätten

sind nach Ansicht des ökonomischen Mainstream keine ausreichend großen Produktivitätssprünge möglich. Gebraucht werden also Innovationen.

Wie gut ist der Osten im Generieren von Innovationen? Nicht so gut wie der
Westen, lautet die einfache Antwort. Es gibt weniger innovative Firmen, die Unternehmen bringen weniger Innovationen auf den Markt und mit ihren neuen
Produkten setzen sie weniger um. Außerdem wird ein viel höherer Anteil der
Forschungsgelder nicht von der Wirtschaft selbst, sondern vom Staat zur Verfügung gestellt. Vor allem sticht aber ein Problem ins Auge: Die Ost-Firmen haben
offenbar ein Effizienz-Defizit bei Innovationen. Während die ostdeutschen Betrieben einen höheren Anteil ihres Umsatzes für Forschung ausgeben als ihre
westdeutschen Pendants, setzen sie dennoch mit neuen Produkten weniger um –
und das seit Jahren.

Nach diesem ersten Überblick über die Lage in Westdeutschland können
wir festhalten: Trotz rasanter Annäherung im Lebensstandard gibt es deutliche
Unterschiede zwischen Ost- und Westdeutschland in der wirtschaftlichen und
technologischen Leistungsfähigkeit. Warum? Diese Frage wollen wir in den
nächsten Kapiteln beantworten.

4. 20 Jahre Wiederaufbau – Ein geschichtlicher Rückblick

„Der Besuch von Fabriken in der DDR kurz nach der Währungsunion mutete wie der Besuch in einem Museum für industrielle Archäologie an. Die Arbeiter warentolz darauf, immer wieder Maschinen repariert zu haben, die älter waren als sie selbst." [19]

Wir haben bisher gesehen, dass die ostdeutsche Wirtschaft im Durchschnitt offenbar weniger leistungsfähig ist als die westdeutsche. Um den Rückstand zu erklären, sind zwei Schritte notwendig. Die aktuelle Situation im Osten ist nur zu verstehen, wenn man sich die geschichtliche Entwicklung der vergangenen zwanzig Jahre anschaut: Viele der heutigen Probleme sind direkte Folgen aus politischen Entscheidungen und wirtschaftlichen Entwicklungen der DDR, der Wiedervereinigung und der Nachwendezeit. Im ersten Schritt ist es daher notwendig zu schauen, welche politischen Entscheidungen die heutigen Wirtschaftsstrukturen im Osten hervorgebracht haben. Im zweiten Schritt diskutieren wir dann analytisch, welche Thesen zum Rückstand in der wissenschaftlichen Diskussion eine Rolle spielen – und wollen sie anhand einer Daten- und Plausibilitätsprüfung hinterfragen.

4.1 Heruntergewirtschaftet – Vor der Wende

Bröckelnde, graue Fassaden, holprige Straßen und in der Luft der dicke Smog von Braunkohle. Nein, schön erscheint die DDR der 1980er Jahre in den Erzählungen von West- wie Ostdeutschen nicht. Nach 40 Jahren Planwirtschaft war Ostdeutschland heruntergewirtschaftet. Es herrschte Mangel und Verschwendung zugleich – oder um es plakativ wie die Bundesregierung zu machen: „Die falschen Güter wurden in den falschen Mengen an den falschen Orten produziert." (BMI 2010: 14)

Die DDR war schlicht pleite, hört man häufig, wenn man in West wie Ost nach den Gründen für das Ende des Sozialismus auf deutschem Boden fragt. Wie weit die DDR allerdings wirklich vor der Staatspleite stand, ist fraglich. Als Beleg für die drohende Zahlungsunfähigkeit wird meist das berühmte Schürer-Papier zitiert, ein internes Papier der Planungskommission der DDR (Schürer et al. 1989), das die gravierenden Probleme der Außenverschuldung darstellt. Allerdings erscheint es durchaus plausibel, dass die Planungskommission die Zah-

---

[19]Horst Albach, Berliner Ökonom (Albach 1993: 94)

len dramatisierte, um Handeln zu forcieren, wie im Nachhinein der ehemalige Vize-Chef der Zentralbank, Edgar Most, und der stellvertretende Leiter der Planungskommission, Siegfried Wenzel, behaupten (Jung/Tietz 2010; Wenzel 2009: 26f). Ferner räumen auch namhafte westdeutsche Ökonomen ein, dass es – allein schon wegen der in der Planwirtschaft rationalen Bildung von stillen Reserven in den Plänen – gehörige Liquiditätspolster in den Büchern der DDR gegeben haben dürfte (Brenke 2009).

Wenn (noch) nicht pleite, so war die DDR aber doch auch nicht weit davon entfernt. „Ohne eine Veränderung der Politik wäre die Zahlungsunfähigkeit der DDR in absehbarer Zeit unausweichlich gewesen", räumt Siegfried Wenzel ein (Wenzel 2010: 26). Das Problem war der hohe Investitionsbedarf in die Maschinenparks: Ob Industrie, Bau oder Verkehr – mehr als 50 Prozent der Anlagen galten als verschlissen (Wenzel 2001: 106).

Wie konnte es soweit kommen? Größtes Problem des DDR-Wirtschaftssystems war der fehlende inhärente Anreiz für Arbeitnehmer und Unternehmen, Produkte und Verfahren zu verbessern. Technischer Fortschritt war Staatssache. Zwar beschäftigten allein die Unternehmen mit 86 000 FuE-Mitarbeitern anteilig rund 10 Prozent mehr Forscher als die westdeutsche Konkurrenz (Meske 1993). Das System hatte aber einen entscheidenden Haken: Der ganze Forschungsprozess war von den zentralen Planern vorgegeben. Die Ziele der Forschung wurden aus den Planzielen der Produktion abgeleitet. Nicht Ergebnisse, sondern Gremien entschieden über Innovationen, Forschungsprojekte und die richtigen Lösungswege (Fritsch 1998, Günther et al. 2010, EFI 2010).

Betrachten wir den Prozess mit Schumpeter, stellen wir fest, dass in der DDR beide zentralen Funktionen für eine dynamische Weiterentwicklung der Wirtschaft fehlten (vgl. Kapitel 2). Zunächst gab es keine *Unternehmer*. Für Eigeninitiative war in der repressiven DDR kein Platz. Zwar wurde sehr viel Wert auf technische Ausbildung gelegt, es fehlten aber die Entrepreneure, die risikobereiten Unternehmer, die neue Technik auf den Markt bringen. (Paque 2010: 209) Daneben war die DDR aber auch von den *Weltmärkten* und ihren wettbewerblichen Impulsen abgeschottet. „Der Prozess der ‚schöpferischen Zerstörung' wurde vier Dekaden lang unterdrückt", schreibt Paque (Paque 2009: 73). Es gab kein Feedback durch kritische Konsumenten und keine schlagkräftigen Wettbewerber, die durch Konkurrenz die Suche nach gewinnbringenden Produktverbesserungen in Gang bringen konnten (Paque 2010; Fritsch 1998). Weil die Unternehmen in ihrem Bereich jeweils Monopolisten waren, konnten sich ineffiziente Produktionsweisen und minderwertige Produkte ob der fehlenden Alternative sehr lange halten.

Ein Innovationssystem im heutigen marktwirtschaftlich-schumpeterianischen Sinne gab es in der DDR also nicht. Die direkte Konsequenz dieser quasi systematischen Verhinderung von Innovation war die schlechte Produktivität der

4.2 Unter Druck – Die Entscheidungen der ersten Jahre

DDR-Betriebe. Schätzungen gehen davon aus, dass die DDR-Wirtschaft pro Arbeiterstunde etwa ein Drittel der West-Wirtschaft produzieren konnte. Vermutlich ist aber auch diese Schätzung noch zu optimistisch, weil ein Vergleich aufgrund der fehlenden Weltmarktpreise für DDR-Waren eigentlich nicht möglich ist. Legt man andere osteuropäische Länder zugrunde, dürfte die Produktivität wohl eher bei einem Zehntel bis einem Viertel des Westwertes gelegen haben. (Paque 2010: 10ff, 15) Ins endgültige ökonomische Verderben führte die DDR dann schließlich die politische Entscheidung, zur Befriedung der Bevölkerung die geringe Wirtschaftsleistung in Konsum statt in Investition zu stecken, was schließlich auf Dauer den immensen Verschleißgrad der Industrie begründete.

Die Mangelwirtschaft hatte aber auch eine positiv wendbare Seite. Die permanenten Engpässe führten dazu, dass viel Energie auf das Lösen alltäglicher Probleme aufgewandt werden musste, wodurch es zur Herausbildung von zahlreichen informellen Netzwerken kam (Günther et al. 2010). Diese informellen, praktisch-orientierten Lösungsnetzwerke und das Improvisationstalent angesichts materieller Mängel stellen bis heute eine Stärke der Wirtschaft in den Ost-Ländern dar (Behr/Schmidt 2005).

4.2 Unter Druck – Die Entscheidungen der ersten Jahre

Die marode wirtschaftliche Situation der DDR, aber auch die veränderte weltpolitische Lage, machten 1989 überraschend den Weg für die deutsch-deutsche Wiedervereinigung frei (Abelshauser 2005). Die ökonomischen Mängel, die Umweltverschmutzung und die fehlende Reisefreiheit trieben die DDR-Bevölkerung im Sommer gegen ihren Staat auf die Straße. Am 9. November fiel schließlich die Mauer.

Ökonomisch und politisch wurde damit der Handlungsdruck immens. Mit Transparenten wie „Kommt die D-Mark bleiben wir, kommt sie nicht, geh'n wir zu ihr" zogen Demonstranten durch die Städte der DDR (Bundesregierung 2010: 23). Und auch wenn einige ostdeutsche Autoren behaupten, die Demonstranten seien von westdeutschen Politikern angestiftet worden (Wenzel 2001; Baale 2008) – so müssen auch sie die Fakten einräumen: Allein im Januar 1990 verließen 80 000 Bürger die DDR (Wenzel 2001: 100).

Trotz eindringlicher Warnungen entschied sich die Politik daher für eine Wirtschafts- und Währungsunion beider deutscher Staaten. Wolfgang Schäuble, BRD-Unterhändler beim Einigungsvertrag, beschreibt die Situation rückblickend:

> „Die Währungsunion an das Ende, nicht an den Anfang eines wirtschaftlichen Angleichungsprozesses zu stellen, wäre theoretisch wohl ein richtiger Weg gewesen, aber er war nicht gangbar. In der Situation des Frühjahres und Sommers 1990 war es

notwendig, den Menschen in der DDR eine glaubhafte Perspektive und das Vertrauen zu geben, dass sich auch ihr Lebensstandard bessern würde." (Schäuble 2009: 12)

So kam am 1. Juli 1990 die Wirtschafts- und Währungsunion. Für Stromgrößen wurde die DDR-Mark eins zu eins in D-Mark getauscht, was eine Aufwertung der DDR-Währung um mehrere hundert Prozent bedeutete.[20] Für die Ostbürger erschien das im ersten Moment gut: Sie konnten mit ihren Löhnen vergleichsweise viel kaufen, was sie vor allem für Westprodukte nutzten, die sie für hochwertiger hielten (Brenke 2009), die, wie der ostdeutsche Journalist Baale schreibt, „in bunten, zum Kauf animierenden Aufmachungen daherkamen und den Reiz des Neuen verströmten" (Baale 2008: 69).

Für die Ostunternehmen wurde der Umtausch allerdings zum Problem. Sie waren plötzlich erstmals Konkurrenz ausgesetzt und mussten ihre unproduktiv hergestellten Waren teuer verkaufen, um die Löhne ihrer Mitarbeiter bezahlen zu können. (Paque 2010: 61ff) Außerdem war die massive Konkurrenz nicht nur auf dem Heimatmarkt ein Problem: Die osteuropäischen Handelspartner gaben ihre Devisen ebenfalls lieber für die offenbar hochwertigeren Produkte aus dem Westen aus. Die ostdeutschen Exporte nach Osteuropa brachen zwischen 1990 und 1993 um 79 Prozent ein. Die Ausfuhren des früheren Bundesgebiets in die Region stiegen dagegen um 40 Prozent. (Martens 2010)

Die Folgen für die DDR-Industrie waren dramatisch. Die Industrieproduktion stürzte in der zweiten Hälfte des Jahres 1990 um etwa die Hälfte ab (BMI 2010: 80), 1991 lag sie sogar nur noch bei rund einem Drittel des Wertes von Anfang 1990 (Fritsch/Wyrwich 2010: 2). Normalerweise reagieren Volkswirtschaften in dieser Situation mit der Abwertung ihrer Währung, um ihre Produkte wieder attraktiv, d.h. in Fremdwährung günstig, zu machen. Dieser Weg war der DDR verstellt. Der Wechselkurs – also das Spiegelbild der Leistungsfähigkeit einer Volkswirtschaft (Brenke/Zimmermann 2009a) – war nun an das mindestens drei Mal leistungsfähigere Westdeutschland gekoppelt. „Über Nacht wurde mit der Währungsumstellung den Betrieben im Osten Deutschlands der Boden unter den Füßen weggezogen." (Brenke/Zimmermann 2009b)

Doch auch mittelfristig war es für die ostdeutsche Wirtschaft nicht einfach, wieder auf die Beine zu kommen. Denn neben dem Eins-zu-Eins-Umtausch der Stromgrößen wurden Bestandsgrößen, also die Ersparnisse der DDR-Bürger, mit der Währungsunion im Faktor zwei zu eins zu D-Mark getauscht. Obwohl auch dieser Tausch aufgrund des eigentlich noch geringeren Geldwertes der DDR-Mark noch „weitgehend ein Geschenk" (Brenke 2009) war, reduzierte er die im Sozialismus nicht vorgesehenen und dadurch ohnehin geringen Geldvermögen der Ostdeutschen noch weiter.

---

[20] Über die genaue Zahl besteht Uneinigkeit: Verschiedene Zahlen finden sich u.a. bei Ragnitz 2009; Jung/Tietz 2010; Paque 2010; Wenzel 2001; Baale 2008

Die fehlenden Vermögensreserven waren dann auch einer der Gründe, warum nur recht wenige der ehemals staatlichen Ostunternehmen bei der Privatisierug an Ostdeutsche verkauft wurden. Stattdessen setzte die zuständige Treuhand – auch wegen des erhofften besseren Know-Hows von Märkten – auf westdeutsche und ausländische Investoren. Anfangs erwarteten die Verantwortlichen einen Ansturm auf die 8500 Betriebe mit 4 Millionen Beschäftigten, die die Treuhand im Sommer 1990 übernommen hatte (BMI 2010: 74). Das erwies sich, wie selbst die Bundesregierung inzwischen eingeräumt hat, als „grandiose Fehleinschätzung" (Bundesregierung 2010: 43). Wurde zu Beginn der Privatisierung der Wert der ehemaligen DDR-Wirtschaft auf 600 Milliarden DM geschätzt, hatte die Treuhand bis 1994 einen Verlust von 264 Milliarden DM erwirtschaftet, weil viele Verkäufe massiv subventioniert werden mussten (Brenke/Zimmermann 2009b).

Einige Ost-Autoren werfen der Treuhand daher vor, das Volksvermögen – das als solches ja kein Staatsvermögen sei, sondern den DDR-Bürgern gehöre – verschleudert zu haben und die DDR-Bürger, die dieses Vermögen unter Entbehrungen aufgebaut hätten, damit enteignet zu haben (Wenzel 2001: 172; Baale 2009: 85). 1,2 Billionen DDR–Mark habe das Anlagevermögen der DDR betragen, was einem Vermögen im hohen sechsstelligen DDR-Mark-Bereich pro Einwohner entsprochen hätte (Wenzel 2001: 169; außerdem: 115, 129).

Diese für den ökonomischen Laien erst einmal plausibel klingende Argumentation vernachlässigt aber einen entscheidenden Punkt. In der DDR-Planwirtschaft und in der BRD-Marktwirtschaft wurde unter Wert etwas völlig anderes verstanden. In der DDR waren die Werte per Dekret und Plan bestimmt – also etwas Objektives, Faktisches. In der Marktwirtschaft entstehen „Werte" dagegen über Preise. Vereinfacht gesagt: Der Wert eines Gegenstandes ist der Preis, den jemand dafür zu zahlen bereit ist. Und das erwies sich als großes Problem für die Ostwirtschaft. Für die Ostbetriebe konnten – weil viel zu viel Angebot einer viel zu geringen Nachfrage gegenüberstand – nur niedrige Preise erzielt werden. Zu kritisieren, dass damit kein idealer Marktprozess entstanden ist, ist plausibel. Zu kritisieren, die DDR-Betriebe wären verschleudert worden, allerdings weniger.

Wie viel die ostdeutschen Betriebe „wert" waren, lässt sich im Nachhinein nicht mehr ermitteln. Viele Ökonomen verweisen darauf, dass die Anlagen in der DDR nach westlichen Maßstäben völlig veraltet und damit wertlos waren. (Brenke/Zimmermann 2009b; Bundesregierung 2010). Paque hält den Wert der Anlagen aus Investorensicht dagegen ohnehin für zweitrangig. Die Produktionskapazitäten hätte es auch im Westen gegeben. Er argumentiert, dass vor allem im Fehlen von konkurrenzfähigen Produkten mit bekannten Markennamen das geringe Interesse und auch der rasante Niedergang begründet liege. Das zeige sich an den gelungen Beispielen der Privatisierung, beispielsweise mit den Marken

Radeberger, Köstritzer oder Hasseröder. Alle seien DDR-Produkte gewesen, die bereits vor der deutschen Teilung einen etablierten Ruf hatten (Paque 2010: 44ff).
Wie auch immer man die Entscheidung der schnellen Privatisierung politisch beurteilt – das faktische Endergebnis der Treuhand liegt auf der Hand: 10000 Betriebe privatisiert oder reprivatisiert und 3700 stillgelegt (Brenke/ Zimmermann 2009b; Ragnitz 2009; Roesler 2003). Dabei werfen zwei Entscheidungen bis heute ihre Schatten:

a) Bei der Privatisierung wurden vor allem westdeutsche und ausländische Investoren bevorzugt (Roesler 2003). Rund 85 Prozent der Betriebe wurden an Westdeutsche, rund 10 Prozent an Ausländer und etwa 5 Prozent an Ostdeutsche verkauft (Wenzel 2001: 181). Die Käufer aus dem Westen und aus dem Ausland hatten dabei vor allem Interesse an den Ostbetrieben als Produktionsstätten. Sie wurden zu „verlängerten Werkbänken". FuE-Kapazitäten oder andere höherwertige Unternehmensteile wie Einkauf, Marketing oder Vertrieb blieben am alten Standort.

b) Die Zerschlagung der großen Kombinate führte zu einer kleinteiligen Struktur der Wirtschaft, die bis heute ebenfalls als Schwäche des Ostens bezeichnet wird (Windolf 2001; Ragnitz 2009). Arbeiteten 1989 noch 75,7 Prozent der ostdeutschen Beschäftigten in Großbetrieben mit mehr als 1000 Mitarbeitern, waren es bereits 1993 nur noch 31 Prozent (Martens 2010a).

Ein weiterer Faktor, der bis heute nachwirkt, hat weniger mit der Treuhandpolitik denn mit der Angst vor einer massenweisen Flucht von Ost- nach Westdeutschland zu tun. Um die Abwanderung zu stoppen, zielte der Wiedervereinigungsprozess auf die schnelle Angleichung des Lebensstandards, nicht auf den Erhalt der Wettbewerbsfähigkeit der Wirtschaft (Roesler 2003). So kam es Anfang der 1990er Jahre zu einem politisch oktroyierten Lohnanstieg: Lagen die Löhne und Gehälter Anfang 1990 noch bei rund 7 Prozent des westdeutschen Niveaus, waren sie Ende des Jahres schon bei 39 Prozent. Im Jahr 1991 stiegen sie rasant weiter auf rund 50 Prozent, 1992 erreichten sie 60 Prozent der Westsaläre. (Fritsch/Wyrwich 2010: 3) Damit hielt die Entwicklung der Produktivität aber bei weitem nicht stand. Für die ohnehin angeschlagenen Betriebe wurde das eine weitere Bürde (Röhl 2009; Sinn 2000; Sinn 2010; Ragnitz 2009).
Alles in allem waren die ersten Jahre nach der Wiedervereinigung eine Katastrophe für die marode DDR-Wirtschaft. Sie erlitt, wie Roesler es ausdrückt, einen „Schock ohne Therapie (Roesler 2003: 88), der für die ostdeutsche Bevölkerung harte Folgen hatte: Zwischen 1990 und 1996 verloren 80 Prozent der erwerbstätigen Bevölkerung vorübergehend oder auf Dauer ihren Arbeitsplatz (Windolf 2001). Die Zahl der Erwerbstätigen sank von 9,7 Millionen 1989 auf

6,3 Millionen im Jahr 1994 (Behr 2009a). 1992 war jeder Dritte Ostdeutsche im erwerbsfähigen Alter entweder arbeitslos oder in einer arbeitsmarktpolitischen Maßnahme (BMI 2010: 16). Darüber hinaus wurde in den Anfangsjahren auch die Zukunftsfähigkeit der Ostwirtschaft nachhaltig beeinträchtigt, um nicht zu sagen zerstört. Die Investoren hatten kein Interesse an den großen FuE-Abteilungen der Betriebe, weil sie vor allem auf den Marktzugang und die Produktionskapazitäten setzten, während ihre Forschungsabteilungen in Westdeutschland blieben. Die durch ostdeutsche Manager übernommenen Betriebe hatten unterdessen zu wenig Eigenkapital, um sich FuE zu leisten (EFI 2010). In der Folge wurden die Forschungs- und Entwicklungsabteilungen radikal gestutzt. Über das Ausmaß der Entlassungen kursieren verschiedenste Zahlen (EFI 2010; Meske 1993; Günther et al. 2010; Fritsch 1998). Meske (1993) geht davon aus, dass allein in der Wirtschaft zwischen 1989 und Ende 1993 die Zahl der FuE-Mitarbeiter von 86 000 auf 23 600 sank. In außeruniversitären Forschungseinrichtungen sank die Zahl der Mitarbeiter von 32 000 auf 10 500. Mehr als die Hälfte der entlassenen Forscher fiel in die sozialen Netze, nur jeder Dritte fand bei einem anderen Unternehmen im Osten einen FuE-Job (Meske 1993).

Für das Forschungssystem hatte das gravierende Folgen. Die Zahl der Patente sank rapide von 101 000 (1989) über 15 000 (1992) auf schließlich 3000 (1996) (Roesler 2003: 109). Doch es gingen nicht nur Forschungskapazitäten verloren. Auch die vorhandenen Netzwerke und das hohe Improvisationstalent sowie die Flexibilität der DDR-Arbeiter, einst eine Stärke der DDR, wurden teilweise zerstört. (Ragnitz 2009, Windolf 2001; EFI 2010; Behr/Thieme 2009).

4.3 Aufgeholt und abgehängt? – 20 Jahre neue Länder

Wir haben nun die Entscheidungen der ersten Jahre nach der Wiedervereinigung betrachtet. Wie verlief nach diesen Weichenstellungen die wirtschaftliche Entwicklung in den neuen Ländern? Wie in Kapitel 2 erläutert, fokussieren wir bei der Beurteilung der Wirtschaftsentwicklung auf die Wachstumsraten der regionalen Wirtschaftsleistung in Form der Veränderungen des BIP (siehe Abb. 1). Obwohl die Industrieproduktion massiv einbrach, erlebte Ostdeutschland in der ersten Hälfte der 1990er Jahre ein rasantes Wirtschaftswachstum. Das BIP je Einwohner stieg von 42,8 Prozent des Weststandes im Jahr 1991 auf 68,3 Prozent im Jahr 1996 (BVBS 2009: 4). Das hatte allerdings weniger mit einer tatsächlichen Erholung der Wirtschaft zu tun als mehr mit den massiven Finanztransfers aus dem Westen.

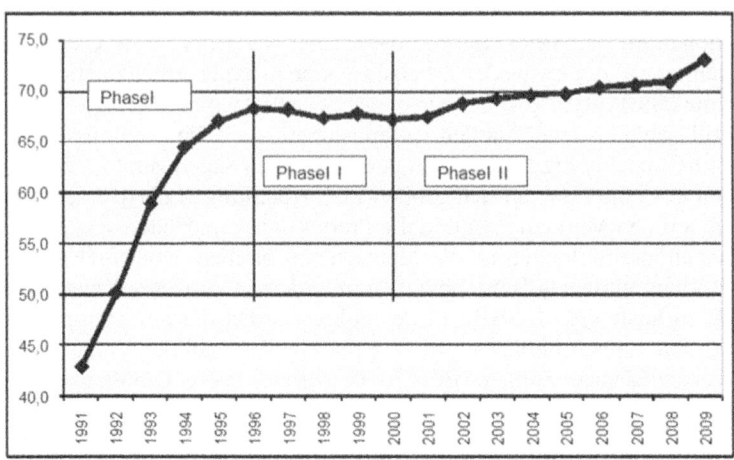

Abb. 1: Entwicklung Ost-West-Angleichung BIP pro Kopf (BMI 2010: 76)

Das Nachholen der Sanierung der maroden DDR-Infrastruktur führte zu einem Boom im Baugewerbe (BMI 2010: 14). Hinzu kam, dass die Transfers von Sozial- und Finanzleistungen über die Binnennachfrage die Produktionsmengen und damit das BIP künstlich antrieben. So erreichte die Binnenwirtschaft recht schnell annähernd westdeutsche Dimensionen und Strukturen (Paque 2010: 122ff). Diesem künstlich durch politische Entscheidungen angetriebenen Aufholprozess folgte die Ernüchterung in der zweiten Hälfte der 1990er Jahre. Mit dem Auslaufen des Baubooms und dem damit notwendigen Gesundschrumpfen des Bausektors kam es ab 1997 zur Stagnation des Aufholprozesses. Der Ost-West-Abstand erhöhte sich bis 2000 wieder leicht, das BIP erreichte nur noch 67,2 Prozent des Westniveaus. (BVBS 2009)

Seit 2000 bewegt sich die ostdeutsche Wirtschaft im Windschatten des Westens. Heilemann/Wappler (2009) haben in einem ökonometrischen Modell gezeigt, dass die Entwicklung der neuen Länder bereits seit 1997 quasi identisch mit den alten Ländern ist. Seither ist das ostdeutsche Wachstum statistisch am stärksten von der westdeutschen Konjunktur abhängig, während die sektorale Wirtschaftsstruktur und die regionale Entwicklung eine untergeordnete Rolle spielen (Heilemann/Wappler 2009).

Der Aufholprozess der vergangenen Jahre ist damit vor allem eine Frage der (politischen) Interpretation. Die Bundesregierung spricht von „nachhaltiger Konvergenz" (BMI 2010: 15; außerdem 76ff). In der Tat näherte sich das BIP pro Kopf bis 2009 auf 73 Prozent des Westniveaus (BMI 2010). Ebenso wenig falsch ist es aber, von einer wieder auseinanderklaffenden Lücke zu sprechen. Die absoluten Wachstumsraten in Ostdeutschland sind kontinuierlich niedriger als im Westen. Die rechnerische Annäherung ergibt sich nur, weil die Bevölkerung im Osten sinkt und im Westen wächst – und damit die Pro-Kopf-Zahlen der Wirtschaftsleistung einen kleinen Vorsprung für den Osten ergeben (Röhl 2009: 1; Blum et al 2010:36).

Unstrittig ist dagegen, dass der Aufholprozess bei weitem nicht so schnell vorangegangen ist, wie viele 1990 erwartet hatten. Tatsächlich wirken die Probleme und Entscheidungen der Anfangsjahre ziemlich nachhaltig. Wie wir in Kapitel 4.2 gesehen haben, war die politisch oktroyierte schnelle Angleichung der Löhne ein großes Thema. Bis heute argumentieren manche Ökonomen, das sei der größte Fehler der Wiedervereinigung gewesen. So schreibt ifo-Chef Hans-Werner Sinn: „Ohne den Westeinfluss auf die Löhne wären die Investoren in Scharen gekommen, hätten Arbeitsplätze geschaffen und hätten die Löhne sehr rasch erhöht, ähnlich wie man es in anderen Niedriglohnländern, die in die EU integriert wurden, hat beobachten können." (Sinn 2010: 11) Diese streng neoklassische Argumentation ist allerdings durchaus zu bezweifeln: Ein tatsächlich der Produktivität entsprechendes Lohnniveau hätte voraussichtlich für eine rasche Entvölkerung der neuen Bundesländer gesorgt – eine passive Sanierung der ehemaligen DDR.

Wie auch immer man diese Argumentation bewertet, Fakt ist: Weil viele Unternehmen die Lohnversprechen der Tarifverträge der Anfangsjahre nicht erfüllen wollten bzw. konnten, kam es in den Folgejahren zu einer massiven Tarifflucht. 2008 war nur noch jeder fünfte Betrieb in Ostdeutschland an einen Branchentarifvertrag gebunden, im Westen war es jeder Dritte. Im Verarbeitenden Gewerbe lag die Tarifbindung mit 18 Prozent der Unternehmen sogar nur halb so hoch wie im Westen mit 35 Prozent (Blum et al 2010: 49). Das hat eine recht offensichtliche Folge: Obwohl immer mehr Branchen ihre Tarife auf Westniveau anheben und mittlerweile kaum noch Tarifverträge unterschiedliche Bezahlung vorsehen (destatis 2010: 48), lag der durchschnittliche ostdeutsche Bruttolohn 2008 nur bei 83 Prozent des Westniveaus (BMI 2010).

Für viele liberale Ökonomen ist das ein positiver Befund, weil sich dadurch die Wettbewerbsfähigkeit der Ostwirtschaft in den vergangenen Jahren deutlich erhöht hat. Weil bei stagnierenden Löhnen die Arbeitsproduktivität anzog, haben sich die Lohnstückkosten deutlich verbessert. Lagen sie 1991 noch bei 119 Prozent, hatten sie sich bis 2008 mit 101 Prozent an das Niveau der alten Länder angepasst. Im Verarbeitenden Gewerbe lagen sie mit 87 Prozent sogar klar unter dem Westniveau. (Röhl 2009) Für viele ist diese preisliche Wettbewerbsfähigkeit der richtige Weg, damit sich Ostdeutschland dauerhaft wieder als Industriestandort behaupten kann (Paqué 2009; Blum 2010; Röhl 2009; Ragnitz 2009; Brenke/Zimmermann 2009b).

Dagegen argumentieren linke Ökonomen und Politiker (Müller 2003; Thüringer Allgemeine 2010): Die niedrigen Löhne seien vorwiegend ein Geschenk an die eigentlich viel produktiveren Unternehmen und würden via Transferleistungen eine immense Unterstützung durch staatliche Seite notwendig machen. Die niedrige Produktivität der Ostländer sei vor allem ein methodisches Artefakt: Weil Produktivität anhand von Umsätzen und damit erzielten Preisen gemessen wird, und das Preisniveau in Ostdeutschland niedriger ist, liegt auch zwangsläufig die Produktivität niedriger. Die geringe Produktivität sei damit weniger Ursache denn Folge der niedrigen Löhne.

Im Mittelpunkt dieser Auseinandersetzung steht die ungeklärte Frage: Zahlen die Unternehmen so geringe Löhne, weil die Marktsituation mit vielen gut ausgebildeten Arbeitslosen es möglich macht(e)?[21] Oder können sie nur so niedrige Löhne zahlen, weil die Produktivität so niedrig ist? Diese Frage können wir an dieser Stelle nicht beantworten. Interessanter ist aber eine andere Beobachtung: Offenbar hat sich ein stabiler Abstand zwischen Ost und West etabliert. Die Löhne nähern sich nicht wesentlich an das Westniveau an – ob das nun an der mangelnden Produktivität der Unternehmen; der Unfähigkeit der Unternehmer, höhere Preise durchzusetzen; der Unfähigkeit der Arbeitnehmer, höhere Löhne auszuhandeln oder dem fehlenden gewerkschaftlichen Einfluss liegt. Gleichzeitig driftet die Lohnlücke aber auch nicht weiter auseinander, weil es einen stabilisierenden Gegenfaktor gibt. Ein weiteres Absinken der Löhne wird durch die latente Möglichkeit des Abwanderns gen Westen verhindert (Paque 2010: 152ff). Es kommt also zu einem stabilen Ungleichgewicht beider Landesteile.

4.4 Folgenschwere Entscheidungen

Die wirtschaftshistorische Aufarbeitung der Wiedervereinigung füllt Regalwände. Wir konnten in diesem Kapitel nur einen kleinen Überblick bieten. An dieser Stelle sollen die wichtigsten Zusammenhänge noch einmal auf sieben Punkte zugespitzt werden.

1) Der Sprung ins kalte Wasser

Um in den Wirren der Wende eine Massenflucht aus der wirtschaftlich am Boden liegenden DDR zu verhindern, entschied sich die Politik 1990 für die Wirtschafts- und Währungsunion. Der feste Umtauschkurs zwischen D-Mark und DDR-Mark und die damit einhergehende Aufwertung der DDR-Mark setzte die ohnehin schon marode industrielle Basis der DDR dem internationalen Wettbewerb aus, wodurch sie plötzlich mit drei Mal produktiveren Westbetrieben konkurrieren mussten, die zusätzlich Produkte mit West-Flair verkauften.

---

[21] Zu den Veränderungen dieser Bedingungen vgl. Kapitel 8

Die Produktion der ostdeutschen Betriebe brach daraufhin in einem nicht ge-kannten Ausmaß ein – allein in der zweiten Hälfte des Jahres 1990 um etwa die Hälfte. Das hatte verheerende Auswirkungen: Zwischen 1990 und 1996 verloren 80 Prozent der erwerbstätigen Ostdeutschen lang- oder kurzfristig ihren Job, die Zahl der Erwerbstätigen sank zwischen 1989 und 1994 von 9,7 Millionen auf 6,3 Millionen.

2) Was bitte ist ein Markt?

Die DDR wurde 40 Jahre planwirtschaftlich gelenkt. Mit der Währungsreform im Juli 1990 wurde die Planwirtschaft über Nacht zur Marktwirtschaft. Das Problem nur: Den Akteuren – vor allem den Verantwortlichen in den Unterneh-men – fehlte es an Erfahrung mit freien Märkten und an Wissen, wie man in ei-ner Marktwirtschaft überlebt (Albach 1993). Ein Großteil der alten Qualifikatio-nen war nichts mehr wert – andere wurden dringend gebraucht. Hinzu kam, dass die DDR-Produkte keine starken, international bekannten Markennamen hatten – und somit nicht ohne weiteres auf internationalen Märkten abzusetzen waren.

Besonders deutlich wurden die Konsequenzen der staatlichen Steuerung bei Forschung, Entwicklung, Innovation und Gründungen. In der DDR war techni-scher Fortschritt staatlich vorgegeben: Nach den Bedürfnissen der Produktion wurde entschieden, wer wann was forscht. Es gab für Forscher keine Anreize, neue und ungewöhnliche Wege zu gehen (die im Normalfall Voraussetzung für Innovationen sind).

3) Von Dinosauriern zu Insekten

Unternehmen in der DDR waren zum überwiegenden Großteil Staatsbetriebe. Da eine wesentliche Überzeugung von marktwirtschaftlich orientierten Politikern ist, dass der Staat kein guter Unternehmer ist, war für die Mehrheit der westdeut-schen Politiker klar, dass die ostdeutschen Betriebe privatisiert werden mussten. Und zwar – wie man bald entschied – möglichst schnell.

Die ostdeutschen Betriebe hatten überwiegend veraltete Maschinen (also einen niedrigen Kapitalwert) und keine international bekannten Marken-Produkte (also einen niedrigen Goodwill). Hinzu kam, dass es keine vollkomme-nen Markt mit einer fairen Preisbildung geben kann, wo tausende Unternehmen auf der Angebotsseite nur wenige Investoren auf der Nachfrageseite gegenüber-stehen.

Teils weil kleinere Einheiten überlebensfähiger und flexibler sind, teils weil sich keine Käufer für die großen Unternehmen fanden, wurden die ostdeutschen Großbetriebe vor dem Verkauf aufgespalten. Übrig blieben viele Kleinbetriebe, die anfangs vor allem an westdeutsche und ausländische Investoren verkauft wurden. Die Folgen sind bis heute deutlich spürbar: Ostdeutsche Unternehmen

sind häufig in der Hand von Nicht-Ostdeutschen („verlängerte Werkbänke")
oder sehr klein, was wiederum viele Probleme mit sich führt (Eigenkapital-
Mangel, Kapazitäts-Engpässe, Risikoscheu).

Besonders drastisch wirkte sich die Privatisierungspraxis der Treuhand
wiederum auf die Kapazitäten in der Forschung und Entwicklung aus: Die Investoren hatten meistens nur Interesse an der günstigen Produktion und nicht an den
Forschungskapazitäten. Sie wurden bald eingestellt. Den kleinen ostdeutschen
Unternehmen fehlte es dagegen am finanziellen Rückhalt, um in teure Innovati-
onsprojekte zu investieren oder große FuE-Kapazitäten zu erhalten.

4) Zerrissene Netzwerke

Im Rahmen der Neuausrichtung kam es zu einem weiteren Effekt, der in der So-
zialwissenschaft häufig als „zerrissene Netzwerke" bezeichnet wird. Weil die
Eliten in den Hochschulen und Unternehmen nach der Wende ausgetauscht wurden, gingen die vorhandenen Verbindungen zwischen Unternehmen sowie zwischen Wirtschaft und Wissenschaft verloren. Anschließend gab es wenige Anreize, neue Netzwerke aufzubauen. Die überwiegend aus dem Westen zugezogenen
Wissenschaftler hatten wenig Interesse, mit der schwächelnden regionalen Wirtschaft zu kooperieren. Die Unternehmen waren dagegen vor allem in den ersten
Jahren damit beschäftigt, um ihre Existenz zu kämpfen und hatten wenig Ressourcen, sich um den Aufbau von Kooperationen zu kümmern. In Anbetracht der
Tatsache, dass Kooperationen als ein entscheidender Punkt für den Erfolg von
neuen Entwicklungen gesehen werden, ist dies ein bis heute nachwirkendes
Manko. Erst in den vergangenen Jahren bauen sich – auch angesichts massiver
öffentlicher Förderung – neue Strukturen auf. (Behr/Thieme 2009)

5) Dilemma der Löhne

Schon bald nach der Wende hatte der spätere ifo-Chef Hans-Werner Sinn den
Hauptverantwortlichen für den immensen Absturz der DDR-Wirtschaft gefunden
(Sinn 2000; Sinn 2010): Die Löhne in Ostdeutschland seien im Vergleich zur
Produktivität viel zu hoch und würden damit die Wettbewerbsfähigkeit der Wirt-
schaft ausbremsen. Damit vereinfacht er die realen Verhältnisse zwar allzu sehr.
Allerdings hat er mit seiner Analyse zumindest eine Seite des entscheidenden
Knackpunktes der Entwicklung der ostdeutschen Wirtschaft getroffen, der bis
heute nachwirkt: das Dilemma der Löhne zwischen dem Marktdruck der Produk-
tivität und dem Abwanderungsdruck qualifizierter Fachkräfte.

Um die Abwanderung zu stoppen und den Osten (wenigstens halbwegs) attraktiv zu halten, stiegen durch politischen Druck nach der Wende schnell die
Löhne. Die ehemaligen DDR-Betriebe waren aber deutlich unproduktiver als die
westdeutschen Unternehmen: Obwohl die Leistungsfähigkeit irgendwo zwischen

10 (Paque 2010) und 40 (Wenzel 2001) Prozent des Westens lag, stiegen die Löhne bald auf mehr als die Hälfte des Westniveaus. Für viele der ohnehin geplagten Unternehmen war das der endgültige Todesstoß. Viele Überlebende flüchteten aus den Tarifverträgen. Bis heute wirkt dieses Dilemma nach: Niedrige Löhne machen die Region unattraktiv für gute Arbeitnehmer, hohe Löhne schrecken Investoren ab. Tatsächlich sind die Löhne in Ostdeutschland sehr viel niedriger als im Westen. Das ist zwar ein großer Wettbewerbsvorteil für die Ost-Unternehmen. Gleichzeitig macht das Lohnniveau aber hohe Sozialtransfers zwischen Ost und West notwendig, um das regionale Wohlstandsniveau so hoch zu halten, dass es nicht zu massiver Abwanderung kommt. Darüber hinaus hemmen die niedrigen Löhne die regionale Entwicklung, weil die Kaufkraft niedrig bleibt. Besonders wirkt sich das Dilemma wiederum in der Forschung und Entwicklung aus: Bei dem niedrigen Lohnniveau ist es ein großes Problem, hochqualifizierte Mitarbeiter zu gewinnen und zu halten.

6) Am Tropf des großen Bruders

In Westdeutschland ist es beliebter Volkssport, auf den Aufbau Ost zu schimpfen – und ein Ende der Transfers zu fordern. Doch leider ist es nicht so einfach. Die Wirtschafts- und Währungsunion hat das Schicksal beider Landeshälften untrennbar aneinander gebunden: Mit Milliardentransfers stützt der Westen jedes Jahr die ostdeutsche Wirtschaft.

Doch auch der Westen profitiert vom Osten: Ob das nun im Osten ausgebildete Fachkräfte sind, die in Baden-Württemberg und Bayern arbeiten. Oder die günstigen Produktionsstandorte, die von den niedrigen Löhnen bei gleichzeitig hoher kultureller Ähnlichkeit profitieren. Oder die flexiblen, kleinen ostdeutschen Unternehmen, die sich auf die Erarbeitung günstiger, kundenspezifischer, innovativer Lösungen spezialisiert haben (Behr 2006). Ganz zu schweigen davon, dass die neuen Bundesländer ein riesiger Absatzmarkt für westdeutsche Produkte sind. Behr bezeichnet den Osten daher als das „intelligente Hinterland" des Westens und beschreibt das Verhältnis als gegenseitige strukturelle Abhängigkeit, die eine Annäherung eher unwahrscheinlich macht (Behr 2010b).

Nachdem ich mich bisher vor einer Bewertung der Geschehnisse gedrückt haben, soll das an dieser Stelle noch in aller Kürze geschehen: War die Wiedervereinigung also eine Aneinanderreihung von katastrophalen, politischen Fehlentscheidungen? Die Antwort muss meines Erachtens nach mangels alternativer Handlungsmöglichkeiten nein lauten. Tatsächlich liefen mit der Wiedervereinigung wirtschaftliche und politische Rationalität gegeneinander, wobei sich die Akteure für die politische Rationalität entschieden haben (Windolf 2001, Brenke/Zimmermann 2010a, Roesler 2003). Alternativen sind allerdings schwer vorstellbar. Um die Ost-Produkte zu einem marktfähigen Preis auf den Weltmarkt drücken zu können, hätten die Löhne gemessen an der vorhandenen Produktpalette und der Produktivität im Osten vermutlich nur bei einem Zehntel bis einem Viertel der Westlöhne liegen können. Faktisch hätte das wohl zu einer Abwanderung der Ostdeutschen über die ja nun offenen Grenzen in den Westen geführt. Vielleicht wäre diese „Erweiterung West" mit einer passiven Sanierung der Ostgebiete aus ökonomischer Sicht der günstigere Weg gewesen – selbst wenn es angesichts Millionen Zuwanderer wohl auch im Westen zu gravierenden Problemen gekommen wäre. Politisch und gesellschaftlich war diese Möglichkeit aber nicht denkbar. (Paque 2010)

Die Folgen dieser Entscheidung sind dennoch bis heute unübersehbar. Eine ganze Generation von entlassenen Industriebeschäftigten sah sich durch Währungsunion und Treuhand um ihre Lebensleistung betrogen, was sie nicht auf die Minderleistung der DDR-Planwirtschaft schoben, sondern auf die Treuhand und ihre westdeutschen Vollstrecker. Einen Eindruck der Emotionen dieser Generation vermittelt Olaf Baales Buch „Abbau Ost". Diese Gefühlslage dürfte ein wesentlicher Grund für die Bildung eines Habitus der Bescheidenheit und der fortbestehenden moralischen Teilung Deutschlands sein (vgl. Kapitel 7).

5. Das strukturelle Problem – die Debatte im Überblick

„Wir sind sehr weit gekommen. Wir haben kleinere Unternehmen, aber zum Teil auch schon wettbewerbsfähige kleine Unternehmen. Und man muss eben wissen: Es dauert lange."[22]

Wir haben nun die historische Entwicklung der ostdeutschen Wirtschaft in den vergangenen 20 Jahren betrachtet. Die Folge der deutsch-deutschen Wirtschaftshistorie sind unterschiedliche Wirtschafts-Strukturen in beiden Landesteilen. Diese werden in der Regel für die unterschiedliche Leistungsfähigkeit der ost- und der westdeutschen Wirtschaft verantwortlich gemacht. Wie plausibel ist das?

In diesem Kapitel möchte ich systematisch entlang der populärsten Behauptungen[23] der Debatte versuchen, diese Frage zu beantworten. Leider werden die Argumente in der wissenschaftlichen wie der politischen Debatte oft unvollständig, beiläufig und meist oberflächlich abgehandelt. Ziel ist es, die einzelnen Faktoren in ihrer Plausibilität zu prüfen, indem ich mögliche Wirkfaktoren analysiere und empirische Belege diskutiere.

5.1 Standortfaktoren

Ich beginne – möglichst einfach – mit der vermutlich trivialökonomischsten Erklärung für den Rückstand Ostdeutschlands. Entscheidende Standortfaktoren einer Region sind die Infrastruktur und die Humankapitalbasis. Lassen sich bereits hier Unterschiede zwischen Ost und West ausmachen?

Behauptung 1: Investoren scheuen sich vor Ostdeutschland, weil die Infrastruktur schlechter ist.

Nach 40 Jahren Sozialismus war die Infrastruktur in Ostdeutschland – wie in Kapitel 3 erläutert – in einem äußerst schlechten Zustand. Mit dem massiven Bauboom der 1990er Jahre wurde dieser Rückstand aber weitgehend aufgeholt.

---

[22] Klaus von Dohnanyi, ehemaliger Hamburger Bürgermeister und Privatisierer des Leipziger Schwermaschinenkombinats (Bundesregierung 2010: 62)

[23] Die Behauptungen sind aus Gründen der Verständlichkeit stark zugespitzte Thesen. Teilweise werden sie zumindest explizit nicht in dieser starken Form öffentlich vertreten.

Seit 1990 wurden in Ostdeutschland 10 000 Kilometer neue Straßen gebaut und fast 73 Milliarden Euro in den Ausbau des Schienennetzes investiert (Jaeck 2010: 3). Heute gibt es in den Neuen Bundesländern sowohl eine moderne Verkehrs- und Kommunikationsinfrastruktur als auch gut ausgestattete Schulen, Hochschulen und Technologiezentren (Blum et al. 2010; Brenke/Zimmermann 2009; Paque 2010; Jaeck 2010).

Es gibt in den neuen Bundesländern zwar noch abgelegene Gebiete mit mangelhafter Infrastruktur. Investoren suchen sich aber ohnehin Gebiete mit gut ausgebauter Infrastruktur, die auch im Osten ausreichend vorhanden sind (Ragnitz 2005). Für Investoren ist Infrastruktur offensichtlich kein Engpass mehr. In einer Befragung des IAB gaben die Unternehmer dem Osten durchschnittlich die Note 2,55 – und damit leicht besser als dem Westen mit 2,6. Dabei lagen Berlin, Sachsen-Anhalt, Thüringen und Sachsen nur von Rheinland-Pfalz getrennt auf den vordersten Plätzen. Brandenburg und Mecklenburg-Vorpommern standen dagegen auf den hintersten Rängen. (Bechmann et al. 2010) Generell scheinen mir noch vorhandene Engpässe in der Infrastruktur damit kein genuin ostdeutsches, sondern ein gesamtdeutsches Problem zu sein.

Behauptung 2: Die ostdeutschen Arbeitnehmer sind schlechter ausgebildet.

Aber wenn die Infrastruktur nicht schlechter ist, gibt es Unterschiede bei den Arbeitnehmern? Es ist unbestritten, dass die Fachkräfte in der DDR nicht schlechter ausgebildet waren als die Westdeutschen (Paque 2009, Paque 2010, Schröter 2008, Koschatzky/Lo 2005, Fuchs-Schündeln/Izem 2008, Behr 2005). In der DDR wurde großer Wert auf Bildung gelegt, besonders mathematische und naturwissenschaftliche Kompetenzen wurden gefördert.

Nach der Wiedervereinigung kam es allerdings zu einem dramatischen Brain Drain – also dem Wegzug von gut ausgebildeten, jungen Menschen. Bis 2010 verließen insgesamt 2,7 Millionen Menschen den Osten gen Westen, während nur 1,6 Millionen den umgekehrten Weg wählten (destatis 2010). Rund 1,1 Millionen Menschen gingen dem Osten also durch Fortzug verloren, überwiegend junge gut ausgebildete Menschen, die in ihrer Heimat keine Arbeit fanden. Das IWH spricht davon, dass Ostdeutschland seine „sehr positive demographische Reserve letztlich in die süddeutschen Flächenländer ‚exportiert' hat und damit deren Bevölkerungs- und Humankapitalstruktur nachhaltig verbessert" (Blum et al 2010: 15) Bis heute verlassen rund 28 Prozent der Hochschulabgänger den Osten zum Berufsstart gen Westen (vgl Pasternack et al. 2009).

Dennoch sind die Ostdeutschen formal immer noch besser ausgebildet als ihre Westkollegen. Rund 63 Prozent der Berufsfähigen in Ostdeutschland hatten 2009 einen Berufsabschluss – in Westdeutschland waren es nur 58 Prozent. Und sogar beim Hochschulabschluss liegt der Osten vorn: mit 17 Prozent der Berufstätigen zu 13 Prozent im Westen (Bechmann et al. 2010). Es scheint also ganz offensichtlich nicht am Humankapital zu liegen, dass der Osten weniger produktiv ist. Einen starken Beleg für diesen Fakt geben Fuchs-Schündeln und Izem (2008): Sie haben gezeigt, dass ein ostdeutscher Industriebeschäftigter nicht weniger produktiv ist als sein westdeutscher Kollege, wenn er in den Westen pendelt.

5.2 Unternehmen

Auf der offensichtlichsten Ebene scheint es demzufolge keine nennenswerten Unterschiede zwischen Ost und West zu geben. Wir müssen also schauen, ob sich die westdeutsche und die ostdeutsche Wirtschaft in anderer Weise systematisch unterscheiden. Wir wechseln dazu zunächst die Aggregationsebene und betrachten die Unternehmen – beziehungsweise das, was gerne über sie behauptet wird.

Behauptung 3: Die ostdeutschen Unternehmen verfügen nicht über einen dem Westen ebenbürtigen Stand an Maschinen und Anlagen.

Wie wir in Kapitel 3 gesehen haben, waren die Maschinenparks der DDR-Industrie nach 40 Jahren Sozialismus vollkommen heruntergewirtschaftet. Im Laufe der 1990er Jahre wurden die teilweise jahrzehntealten Maschinen jedoch durch massive Investitionen ersetzt. Trotz dieser Investitionen lag die Kapitalintensität – also der Kapitalstock gemessen im Bruttoanlagevermögen pro Erwerbstätigem – 2007 aber nur bei 82 Prozent des Westniveaus (Blum et al 2009: 42). Diese Rechnung ist zwar unter anderem durch die im Westen höheren Bodenpreise verzerrt. Aber auch bei der reinen Ausrüstungs-Kapitalausstattung lag der Osten nur bei rund 87 Prozent des Westniveaus. (Paque 2009: 70)
    Das Bild relativiert sich allerdings, wenn man sich die Branchenverteilung anschaut. In dem im Osten überproportional großen Bereich der Dienstleistungen und des öffentlichen Dienstes liegt die Kapitalintensität nur bei 77 Prozent des Westens (Paque 2009: 70). Weit entscheidender ist die Kapitalausstattung im Verarbeitenden Gewerbe. Und hier liegt die Kapitalintensität mit 112 Prozent über dem Weststand. Beachtet man das Alter der Anlagen – also berücksichtigt die Abschreibungen – steigt der Vorsprung der jüngeren Ostanlagen sogar auf 137 Prozent des Weststandes. (Blum et al. 2010: 42). Die Sachkapitalausstattung der Unternehmen dürfte also ebenfalls nicht mehr zu einem entscheidenden Engpass der ostdeutschen Wirtschaft gehören.

Behauptung 4: Ostdeutsche Unternehmen sind zu klein.

Die wohl häufigste Behauptung in der Rückstandsdebatte ist, dass die ostdeutschen Unternehmen zu klein sind. Tatsächlich sind die Betriebe im Osten mit durchschnittlich 15 Angestellten kleiner als ihre Westpendants mit durchschnittlich 17 Angestellten. Noch deutlicher wird der Unterschied, wenn man den Anteil der Betriebe nach Betriebsgrößenklassen betrachtet. So gab es 2009 in Ostdeutschland anteilig rund ein Viertel weniger Großbetriebe mit mehr als 500 Mitarbeitern als im Westen, gleichzeitig aber ein Fünftel mehr Kleinstbetriebe mit weniger als 10 Mitarbeitern. (IAB 2010) Auch weitere Zahlen verdeutlichen das Problem eindrücklich: Nur fünf Prozent der 700 größten Unternehmen in Deutschland haben ihren Sitz in den neuen Ländern (BMI 2010: 77), von den 100 größten Industrieunternehmern und Dienstleistern hat kein einziger seinen Sitz im Osten der Republik (Sommer 2010).

Doch warum ist Größe nun ein Problem? Dazu müssen wir zunächst zwei Aspekte dieser These trennen: Zum einen sind die Unternehmen in den neuen Bundesländern klein, zum anderen fehlen Großunternehmen. Betrachten wir zunächst die spezifischen Schwierigkeiten kleiner Unternehmen. Bei ihnen treten im Vergleich zu Großunternehmen häufiger Schwierigkeiten bei der Finanzierung sowie personelle und organisationale Mängel auf. Wie wir bereits bei der Historie gesehen haben (Kapitel 3), verfügen die Ostdeutschen seit der Wiedervereinigung über weniger Vermögen. Dieses Problem überträgt sich auf viele der ostdeutschen Mittelständler – ihnen fehlt es an Eigenkapital (Astor et al 2010; Schroeter 2008; Koschatzky/Lo 2005). Das erschwert außerdem die Beschaffung von Fremdkapital und führt dazu, dass die Unternehmen – wie auch empirische Untersuchungen zeigen – Probleme bei der Finanzierung von Forschungsvorhaben und der Diversifizierung von Risiko haben (Eickelpasch 2009: 90; IAB 2010: 17).

Neben diesem Problem stoßen erfolgreiche Mittelständler ab einer bestimmten Größe häufig an die Grenzen ihrer personellen und organisationalen Ressourcen (Astor et al 2010; Koschatzky/Lo 2005; Behr/Schmidt 2006; Schröter 2008). Viele ostdeutsche Mittelständler verfügen nicht über gesonderte FuE-Abteilungen, sondern nur über erweiterte Konstruktionsabteilungen. Das birgt die Gefahr einer Funktionsüberfrachtung bei den Geschäftsführern: Routinen und Lösungsmuster sind stark an bestimmte Personen und ihre Sozialbeziehungen geknüpft, wodurch diese irgendwann an die Grenzen ihrer Leistungsfähigkeit geraten. Darüber hinaus haben ostdeutsche Firmen häufig Schwierigkeiten, wissenschaftliches Know-How in die eigenen Betriebsabläufe zu integrieren und die notwendigen Kooperationen und Netzwerke zu pflegen (Eickelpasch/Pfeifer 2006).

Der zweite Aspekt der Behauptung ist das Fehlen von großen Betrieben in den ostdeutschen Regionen. Zunächst ist das ein betriebswirtschaftliches Problem. Mit der Betriebsgröße steigt bei Industriebetrieben in der Regel dank Skaleneffekten – also der Reduktion der Fixkosten pro Stück bei großen Produktionsmengen – die Produktivität. Auch in Ostdeutschland verbessert sich die Produktivität mit der Betriebsgröße – allerdings überraschenderweise nicht so stark wie im Westen: Je größer die Betriebe, desto deutlicher der Abstand der Produktivität zwischen Ost und West. Während die kleinen Betriebe im Vergleich zu ihrer Westkonkurrenz eine Produktivität von 94 Prozent erreichen und die mittleren Betriebe immerhin auf 75 Prozent kommen, schaffen die Großbetriebe im Osten nur 67 Prozent des Produktivitätsniveaus der vergleichbaren Westbetriebe. (IAB 2010) Eine Erklärung für dieses Phänomen liefert die Literatur bisher nicht.

Darüber hinaus sind die fehlenden Konzerne ein regionalökonomisches Problem. Großunternehmen sind häufig „technologische Treiber" des Innovationsgeschehens einer Region und damit Kristallisationskerne für FuE-Cluster (Koschatzky/Lo 2005; Astor et al 2010; EFI 2010). In Ostdeutschland spielen im Gegensatz zu Westdeutschland kleine Unternehmen in der Forschung eine viel wichtigere Rolle. Im Westen ist die FuE sehr auf Großbetriebe konzentriert. 85 Prozent der FuE-Aufwendungen der Wirtschaft und 80 Prozent des FuE-Personals konzentrieren sich in Unternehmen mit mehr als 500 Beschäftigten, die in Ostdeutschland nahezu vollständig fehlen (BMI 2010: 118). In Ostdeutschland spielen dagegen kleine und mittlere Unternehmen die entscheidende Rolle: Fast 39 Prozent des FuE-Personals ist in Betrieben mit weniger als 100 Mitarbeitern beschäftigt – im Westen sind es gerade mal 5,6 Prozent (vgl. EFI 2010; Eickelpasch 2009)

Was ist also zusammenfassend von dieser Behauptung zu halten? In Ostdeutschland fehlen tatsächlich die Großbetriebe – und damit die finanzstarken und risikofreudigen Inkubatoren vieler Innovations- und Kooperationsprozesse. Kleine Unternehmen haben – besonders wenn es um Innovation geht – mit ihren geringen finanziellen und personellen Ressourcen zu kämpfen. Einige Kleinunternehmen scheinen unter der besonderen Situation aber spezifische Stärken gewonnen zu haben, beispielsweise ihre kundenspezifischen und günstigen Innovationslösungen. Behr/Schmidt drücken es so aus: „Aus der Not knapper Ressourcen wird dabei die Tugend marktnaher und bodenständiger Innovationen." (Behr/Schmidt 2006: 100)

Der Berliner Unternehmensberater und Wirtschaftsprofessor Bernd Venohr hat in einer Studie 80 Mittelständler in Ostdeutschland identifiziert, die in ihrer Nische Weltmarktführer sind (Brück et al 2009). Im Vergleich zu Westdeutschland ist das allerdings eine verschwindend geringe Zahl: Von den 1000 größten deutschen Marktführern, die Venohr für das Manager-Magazin auswertete, haben gerade einmal 16 ihren Sitz in den neuen Bundesländern und acht weitere in

Berlin. Damit kommen die Ostländer gemeinsam nicht einmal auf die Zahl von Schleswig-Holstein (Machatschke/Schwarzer 2010). Obwohl es also erfolgreiche Beispiele im Osten gibt – die breite Masse machen sie nicht aus.

Behauptung 5: Ostdeutsche Unternehmen sind häufig nur verlängerte Werkbänke der ausländischen oder westdeutschen Investoren.

Ostdeutschland ist das „Land der verlängerten Werkbänke", eine „Dependenz-Wirtschaft" (Roesler 2003: 108), lautet eine populäre These, die besonders in der politischen Debatte immer wieder vorgebracht wird. Wie es zu der hohen Zahl der nicht ostdeutschen Investoren kam, habe ich in Kapitel 3 erörtert. Die Folgen zeigen sich deutlich: Betrachtet man die großen Arbeitgeber der Leitindustrien – wie Opel in Eisenach oder Volkswagen und BMW in Leipzig – stellt man fest, dass dort tatsächlich reine Produktionswerke ohne größeres Forschungs- und Entwicklungspotenzial aufgebaut wurden.

Empirisch gibt es aber durchaus Belege, dass ausländische und westdeutsche Investoren besser sind als ihr Ruf. So zeigten mehrere Studien Anfang der 2000er Jahre, dass die genuin ostdeutschen Firmen deutlich unproduktiver waren als ihre Pendants in Investorenhand: Erreichten 2003 Firmen in ostdeutschem Besitz rund 60 Prozent der westlichen Produktivität, kamen Firmen im Westbesitz auf 112,7 Prozent und in ausländischer Hand sogar auf 140 Prozent (Ragnitz 2005: 12ff). Das lag vor allem daran, dass die Unternehmen in nicht-ostdeutscher Hand seltener die typischen ostdeutschen Schwächen hatten: Sie waren wesentlich größer – die ausländischen Firmen etwa 11 Mal, die westdeutschen Firmen etwa 5 Mal – und sie exportierten mehr – die ausländischen Firmen etwa 3 Mal, die westdeutschen etwa 4,5 Mal. (Günther/Gebhardt 2005)

In der Literatur findet sich ferner noch ein weiteres Argument für die Bedeutung der Investorenstandorte. So spielen Dependenzen nicht-regionaler Unternehmen eine entscheidende Rolle, um aktuelles technisches Wissen aus den FuE-Unternehmenszentralen in den neuen Ländern zu verbreiten (EFI 2010; Eickelpasch 2009). Empirisch zeigt sich, dass außerregionale Tochterunternehmen im Vergleich zum verarbeitenden Gewerbe Ostdeutschlands überdurchschnittlich oft FuE betreiben und Innovationen hervorbringen. Dabei werden sie ihrer Inkubatoren-Funktion allerdings nur bedingt gerecht: Sie kooperieren selten mit lokalen Kunden und Zulieferern. (Günther et al. 2008).

Was können wir also folgern? Es gibt in Ostdeutschland historisch bedingt zwar viele Firmen, die in der Hand nicht regionaler Investoren sind. Das ist aber weniger Nachteil als Vorteil für die Region. Sie bringen die Stärken Größe, Exportorientierung, Innovationsstärke und damit Produktivität mit. Wichtig für die Zukunft wäre wohl, sie stärker in regionale Zulieferketten einzubeziehen.

Behauptung 6: Die meisten ostdeutschen Betriebe sind Zulieferer und damit in einer schlechteren Position in der Wertschöpfungskette, weil sie ohne Endnutzerprodukte wenig Marktmacht haben.

Rotkäppchen-Sekt und Spee-Waschmittel sind die einzigen ostdeutschen Marken, die in Westdeutschland einer breiteren Bevölkerung bekannt sind (IMK 2010).[24] Paqué bezeichnet dieses Fehlen von weltmarktfähigen Marken als die „vielleicht fatalste Folge der Isolation" (Paque 2010: 8) der DDR-Wirtschaft vom Weltmarkt (vgl. auch Kapitel 4). Tatsächlich ist es schwieriger, Produkte ohne bekannte Markennamen zu verkaufen (Böcker/Helm 2003). Doch die fehlenden Marken sind nur der sichtbarste Aspekt des Problems.

Viele ostdeutsche Unternehmen produzieren nicht für den Endverbraucher, sondern sind als Zulieferer an einer schwachen Position in der Wertschöpfungskette (vgl. Astor et al 2010). Durch ihre schwache Position müssen sie über niedrige Preise konkurrieren und ohne Markenprofite verdienen sie im Vergleich zu ihrer westdeutschen Konkurrenz deutlich weniger (Behr 2010; Bundesregierung 2010). Obwohl diese Unternehmen teilweise stark bei kundennahen, inkrementellen Innovationen sind, gelingt es ihnen wegen der geringen Marktmacht häufig nicht, angemessene Preise für ihre Produkte durchzusetzen – mit denen sie auch angemessene Löhne bezahlen könnten. Zudem verlagern die westdeutschen Finalproduzenten häufig das Entwicklungsrisiko auf ihre ostdeutschen Zulieferer ohne entsprechende Risikoaufschläge zu bezahlen. (Behr 2010b)

Behauptung 7: Die ostdeutschen Unternehmen exportieren zu wenig.

„Wir können nicht alle davon leben, dass wir uns gegenseitig Pizzas verkaufen und die Haare schneiden", soll 1997 Sachsen-Anhalts damaliger Wirtschaftsminister Klaus Schucht gesagt haben (Paque 2010: 121). Er äußerte damit ein prominentes Argument in der Rückstandsdebatte: Exporte werden als eine Schwachstelle der ostdeutschen Wirtschaft gesehen (Koschatzky/Lo 2005, Röhl 2009). Ich habe in Kapitel 2 anhand der Export-Basis-Theorie erläutert, warum Exporte eine wichtige Variable in der Regionalökonomik sind: Es wird angenommen, dass Exporteinkommen über einen Multiplikatoreffekt die regionale Nachfrage ankurbeln. Die Einkünfte aus dem Export können über die Löhne noch einmal für regionalen Konsum sorgen.

Empirisch bestätigt sich die Exportschwäche der Ost-Unternehmen: Die ostdeutschen Betriebe verkaufen deutlich weniger Produkte ins Ausland als die westdeutsche Wirtschaft. Im Westen wurden 2008 rund 45,9 Prozent aller Waren, die von Unternehmen mit mehr als 50 Mitarbeitern erzeugt wurden, ins Ausland

---

[24] Und wie weit diese beiden Ostmarken tatsächlich die ostdeutsche Wirtschaft stützen, zeigte sich spätestens als Henkel 2009 die Spee-Produktion aus Genthin in Sachsen-Anhalt abzog.

verkauft. In Ostdeutschland waren es nur 33,1 Prozent. Schaut man auf die Pro-Kopf-Ausfuhren der Bundesländer exportiert selbst Schleswig-Holstein als das schwächste West-Land pro Einwohner Waren im Wert von 5286 Euro – deutlich mehr als der Ost-Primus Sachsen mit 4684 Euro. (destatis 2010: 39)

Die Exportschwäche dürfte allerdings nicht in erster Linie Ursache für die Schwäche der ostdeutschen Unternehmen sein – sondern vielmehr Folge. Zunächst dürfte die Unternehmensgröße eine Rolle spielen: Den kleinen Unternehmen fehlt es schlicht an den finanziellen Mittel für eine internationale Markterschließung. Darüber hinaus stellt sich hier besonders stark die Frage nach tiefer liegenden Ursachen: Gehören die ostdeutschen Unternehmen Wirtschaftszweigen an, die generell weniger exportieren?

5.3 Wirtschaftsstruktur

Wir haben nun gesehen, dass sich ostdeutsche Unternehmen systematisch von den westdeutschen unterscheiden: Sie sind im Durchschnitt kleiner, in einer schlechteren Position in der Wertschöpfungskette und sie exportieren weniger. Aber warum ist das so? Gibt es vielleicht weitere Gemeinsamkeiten der Unternehmen, die wir beim Blick auf einzelne Betriebe nicht sehen? Wir betrachten daher nun die Wirtschaftsstrukturen in Ostdeutschland.

Behauptung 8: Ostdeutschland hat zu wenig Industrie.

Die Wirtschaftsstruktur in Ost- und Westdeutschland unterscheidet sich deutlich. Betrachtet man den Anteil der Beschäftigten, sind im Osten eklatant mehr Menschen in Branchen ohne Außenhandel beschäftigt – vor allem in der öffentlichen Verwaltung, bei Dienstleistern und im Baugewerbe. Besonders die nach der Wiedervereinigung stark aufgeblähten Wirtschaftsbereiche sind im Vergleich zu Westdeutschland immer noch überdimensioniert: Rund neun Prozent der ostdeutschen Beschäftigten sind in der öffentlichen Verwaltung tätig – satte zwei Prozentpunkte (bzw. fast 29 Prozent) mehr als im Westen. Das gleiche Bild ergibt sich beim Baugewerbe, das beim Anteil der Beschäftigten mit sieben Prozent ebenfalls zwei Prozentpunkte (bzw. rund 40 Prozent) über dem Westwert liegt. (IAB 2010; BVBS 2009; Ragnitz 2009)

Deutlich unterrepräsentiert ist dagegen die Industrie. Im Jahr 2008 waren in Ostdeutschland 6,4 Prozent der Beschäftigten im verarbeitenden Gewerbe tätig, in Westdeutschland waren es 10,1 Prozent. (ebd.) Warum ist die fehlende Industrie aber überhaupt ein Problem? Traditionell ist die Industrie die Stärke der deutschen Wirtschaft und hat sich in Westdeutschland jahrzehntelang als Motor des Wachstums erwiesen. Dass dieses Modell gleichermaßen auf den Osten übertragen wird, kann man durchaus kritisieren und argumentieren, dass andere erfolgreiche Länder wie Holland, die Schweiz oder Luxemburg immense Einkommen ohne nennenswerte Industrie erzielen. Tatsächlich liegt der Anteil des verarbeitenden Gewerbes an der Bruttowertschöpfung in den neuen Bundesländenr mit 19,3 Prozent deutlich über anderen Industriestaaten wie dem Vereinigten Königreich (14,4 Prozent), Italien (18,2 Prozent), Frankreich (13,2 Prozent) oder den USA (13,2 Prozent). (Röhl 2009: 5f)

Auf der anderen Seite fehlt es in Ostdeutschland allerdings auch an historisch starken anderen Wirtschaftszweigen, wie dem Bankensektor in der Schweiz oder dem Gemüsehandel in Holland. Das Grundproblem des Ostens ist das Leistungsbilanzdefizit gegenüber dem Westen. Weil Ostdeutschland derzeit mehr Leistungen bezieht als er verkauft, muss es irgendwelche Waren finden, die er überregional absetzen kann. Ohne die überregional starken Dienstleister wie Banken oder Versicherungen drängt sich eine Fokussierung auf die Industrie förmlich auf. (Paque 2010: 125ff)

Dabei muss man aber bemerken, dass der Osten in den vergangenen Jahren deutlich aufgeholt hat. Zwischen 2006 und 2008 wuchs die Industrie in den neuen Ländern jährlich durchschnittlich um 7,5 Prozent (BVBS 2009: 7). Real war die industrielle Wertschöpfung 2009 knapp doppelt so hoch wie 1991 (BMI 2010: 77), das Produktivitätsniveau steigerte sich im gleichen Zeitraum von 28 Prozent auf 85 Prozent des westdeutschen Wertes (ebd: 81). Röhl geht daher davon aus, dass die Industrie 2015 das westdeutsche Niveau erreicht haben könnte (Röhl 2009).

Bei dieser Prognose ist allerdings durchaus Skepsis angebracht. Ein Grund für das deutliche Wachstum der Industrie in den vergangenen Jahren dürfte die Lohnzurückerhaltung gewesen sein – die auf der Kehrseite die Produktivität und damit die Wettbewerbsfähigkeit erhöhte (vgl. BVBS 2009, BMI 2010; Röhl 2009). Wir werden uns in Kapitel 8 näher mit diesen Zukunftsperspektiven auseinandersetzen.

Behauptung 9: Ostdeutschland hat zu wenig forschungsintensive Industrie.

Neben der These, dass Ostdeutschland generell zu wenig Industrie hat, wird oft argumentiert, dass im Osten die „falsche" Industrie angesiedelt ist. Fakt ist, dass es in Ostdeutschland deutlich weniger Unternehmen im Bereich der Hochtechnologie gibt – also Branchen mit einem Anteil von 2,5 bis 7 Prozent FuE-Aufwendungen am Umsatz. Zu diesem Feld gehören die deutschen Leitbranchen Auto- und Maschinenbau. In Westdeutschland trug der Maschinenbau 2005 rund 16,2 Prozent der Bruttowertschöpfung der Industrie, der Fahrzeugbau etwa 16,9 Prozent. In den neuen Bundesländern lag der Anteil mit 9,9 Prozent beim Maschinebau und 11,3 Prozent beim Fahrzeugbau deutlich niedriger. (Röhl 2009) Da aber gerade diese Industrien im Westen der wesentlicher Träger des Wirtschaftswachstums und der Innovationen sind, erklärt sich daraus ein Teil der Schwäche dieser Indikatoren in Ostdeutschland (Astor et al 2010).

Fraglich ist allerdings, ob die Imitation der westdeutschen Leitindustrien die richtige Strategie für den Osten wäre. Wirtschaftshistorische Forschungen zeigen, dass es schwierig für Länder (bzw. Regionen) ist, in etablierten Industrien technologisch aufzuholen. Auch in den westdeutschen Leitbranchen scheint es dank weitgehend gesättigter Weltmärkte recht aussichtslos, sich einen rentablen Platz zu sichern. Stattdessen hat es sich als wirtschaftshistorisches Erfolgsmodell herausgestellt, auf die technologisch neuesten Industrien zu setzen. (Fagerberg/Godinho 2003)

Tatsächlich ist Ostdeutschland in diesem noch sehr kleinen Bereich der sogenannten Spitzentechnologien – also Branchen mit einem Anteil von durchschnittlich mehr als sieben Prozent FuE am Umsatz – stark vertreten. Vor allem in der Informations- und Kommunikationstechnologie sowie bei der Mess-, Steuer- und Regeltechnik gibt es zahlreiche Unternehmen. Seit 2000 verzeichnen diese Branchen im Osten jährliche Wachstumsraten von mehr als 20 Prozent, während der Bereich im Westen stagniert. (EFI 2010, Eickelpasch 2009) Bei der Anzahl der Unternehmen in der Spitzentechnologie hat der Osten mit 8,3 Prozent inzwischen fast zum Westen mit 8,8 Prozent aufgeschlossen. (Astor et al. 2010)

Offenbar gelingt es den Unternehmen in diesen Branchen auch, die typischen ostdeutschen Probleme zu überwinden und sich mit Neuheiten am Markt zu positionieren (Astor et al. 2010). Im Osten betreiben 49 Prozent der Unternehmen dieser Branchen FuE – im Vergleich zu 37 Prozent im Westen. Auch die Anstrengungen sind höher: Investieren die Ostunternehmen rund 8,2 Prozent ihres Umsatzes für FuE, sind es im Westen nur 7 Prozent. Das wird offenbar belohnt: Der Umsatzanteil mit Marktanteilen liegt im Osten bei 8,8 Prozent, im Westen bei 7,9 Prozent. (ZEW 2010)

Was können wir also festhalten? Zwar ist Ostdeutschland in den weitgehend gesättigten westdeutschen Leitbranchen zurück – hat aber durchaus Potenziale in jüngeren Branchen. So bleibt die Chance, dass der Osten im nächsten Technologiezyklus die Nase vorne hat.

Behauptung 10: Ostdeutschland hat zu wenig wissensintensive Dienstleistungen.

Neben der fehlenden Industrie wird der Mangel an wissensintensiven Dienstleistungen als weiterer wirtschaftsstruktureller Grund für den Rückstand der neuen Bundesländer genannt. Tatsächlich sind die großen deutschen Finanzinstitute und Versicherungsgesellschaften in Westdeutschland konzentriert. Durch das Fehlen von Konzernzentralen haben sich außerdem weniger unternehmensnahe Dienstleister wie Rechtsberatungen, Banken, Software- oder Ingenieurbüros angesiedelt (vgl. Tab 4). In Westdeutschland arbeiten rund 17,3 Prozent der sozialversicherungspflichtig Beschäftigten im Bereich der unternehmensnahen und wissensintensiven Dienstleistungen, im Osten sind es nur 14,4 Prozent. (Röhl 2009: 9; BVBS 2009; IAB 2010)

Wie wirken sich jetzt die fehlenden Dienstleistungen auf die regionale Wirtschaft aus? Zunächst haben sie Folgen für die regionale Aufgabenstruktur. Obwohl es keine gravierenden Bildungsunterschiede in der Gesamtbevölkerung gibt, gehen im Osten im Vergleich zum Westen deutlich mehr Menschen einfachen und vor allem manuellen Tätigkeiten nach, während es im hochqualifzierten Bereich weniger Beschäftigung gibt. 2006 waren rund 31,5 Prozent der Beschäftigten in den neuen Bundesländern (ohne Berlin) für einfache manuelle Tätigkeiten, rund 34,2 Prozent für qualifizierte manuelle Tätigkeiten angestellt. In Westdeutschland waren es dagegen nur 28,6 Prozent bei den einfachen manuellen Tätigkeiten und 27,9 Prozent bei den qualifizierten manuellen Tätigkeiten. Der Anteil der Meister und Techniker lag dagegen im Westen bei 3,9 Prozent, im Osten bei 2,8 Prozent. Bei den hoch qualifizierten Tätigkeiten standen 11,1 Prozent im Westen rund 10,3 Prozent im Osten gegenüber. (Brenke/ Zimmermann 2009: 46)

	Alte Bundesländer	Neue Bundesländer (mit Berlin)
Kreditgewerbe	11,3	6,3
Versicherungen	6,1	3,9
Soft- und Hardware	7,2	4,6
Rechts- und Unternehmensberatung	10,6	7,7
Öffentliche Verwaltung	19,1	22,0
Sozialwesen	18,9	20,6
Medien, Kultur	4,6	7,8
Dienstleistung insgesamt	309,5	305,8

Tab. 4: Erwerbstätige je 1000 Einwohner in ausgewählten Bereichen des Dienstleistungssektor (Brenke/Zimmermann 2010: 49)

Ähnliche Zahlen finden sich auch bei Ragnitz (2010). Demnach sind im Westen 12,1 Prozent der Beschäftigten in leitenden Stellungen beschäftigt, im Osten rund 9,6 Prozent. Betrachtet man nur das Verarbeitende Gewerbe, ist dieser Unterschied noch deutlicher: 11,3 Prozent im Westen, 6,6 Prozent im Osten. (Ragnitz 2010: 20) Neben den fehlenden Dienstleistungen dürften vor allem die fehlenden Unternehmenszentralen (vgl. Behauptung 5) eine Ursache für diese Unterschiede sein.

Problematisch ist dies vor allem mit Blick auf die Wanderungsbewegungen: Die ostdeutschen Arbeiter sind nicht schlechter ausgebildet als die Westdeutschen, sie können in den neuen Ländern weniger Verantwortung übernehmen als in den alten und es gibt weniger Augstiegsmöglichkeiten (Paque 2010: 196). Für mobile Facharbeiter erzeugt das einen starken Anreiz, den Osten zu verlassen. Darüber hinaus wirken sich die fehlenden wissensintensiven Dienstleistungen auf das Innovationssystem aus. Wir haben in Kapitel 2 gesehen, dass die unternehmensorientierten Dienstleistungen eine wichtige Akteursgruppe in der innovationsgerichteten Arbeitsteilung darstellen. Vor allem in der Finanzierung und Beratung unterstützen sie die innovierenden Firmen. Bei der unstrittigen Bedeutung dieser Akteure bleibt aber unklar, ob sie dafür regional angebunden sein müssen. Ob Unternehmensberatung, Marketingagentur oder Venture-Kapitalgeber – die meisten Anbieter in diesem Bereich arbeiten ohnehin überregional (Schröter 2008). Das Fehlen dieser Unternehmen dürfte also für den Osten keinen entscheidenden Engpass darstellen.

5.4 Forschung und Kooperation

Wir haben nun gesehen, dass ostdeutsche Unternehmen tendenziell kleiner, weniger exportorientiert und in einer schwachen Marktposition sind. Zwar gibt es in Folge der massiven Deindustrialisierung nach der Wiedervereinigung immer noch weniger Industrie als im Westen – aber es gibt durchaus Ansätze neuer Industrien. Wie ich im Kapitel 2 ausgeführt habe, sind diese auf Innovationen angewiesenen Industrien besonders von der Qualität des Innovationssystems abhängig. Wir wollen daher nun die populärsten Behauptungen zum Innovationssystem Ostdeutschland diskutieren.

Behauptung 11: Die ostdeutschen Hochschulen sind schwächer.

Wie wir in Kapitel 2 gesehen haben, sind Hochschulen in Innovationssystemen neben den Unternehmen die zentralen Akteure. Ihre Aufgabe ist es, über Forschung die regionale Wissens- und über Ausbildung die regionale Humankapitalbasis zu verbessern. Außerdem fungieren sie als Antennen für die überregionalen Wissensströme. (Fritsch 2007; Schröter 2008) In den neuen Bundesländern gibt es 57 staatliche Hochschulen (BMI 2010: 123 ff). Entscheidend für eine Region ist jedoch nicht nur das reine Vorhandensein einer Hochschule, sondern vor allem die Qualität.

Es gibt einige Indikatoren, die darauf hindeuten, dass die ostdeutschen Hochschulen schwächer sind als die westdeutschen. Die Hochschulen im Westen akquirieren pro Professor deutlich mehr Drittmittel – wobei es sichtbare Unterschiede zwischen den einzelnen Ost-Ländern gibt (Astor et al 2010: 17). Das schlechte Abschneiden bei den Drittmitteln aus der Wirtschaft könnte sich allerdings mit der deutlich schwächeren Ost-Wirtschaft erklären lassen, der es schlicht an Mitteln zur Forschungsförderung fehlt.

Doch auch wenn man nur die Drittmittel der Deutschen Forschungsgemeinschaft (DFG) zugrunde legt, liegen die Ostprofessoren hinter ihren Kollegen im Westen. (Schröter 2008) Ebenso könnte man ihr weitgehendes Scheitern bei der Exzellenzinitiative des Bundes als Schwäche auslegen. Doch auch hier könnten Skeptiker entgegnen, dass diese Schwäche wohl auch mit westdeutschen Netzwerken in den Gutachter-Prozessen zu tun haben könnte.

Ferner gibt es auch Indikatoren, die ostdeutsche Hochschulen stärker darstellen als die Westdeutschen. Ost-Unis melden mehr Patente an und stellen immerhin fünf der Top10-Universitäten bei akademischen Spinoffs (Astor et al.: 18). Darüber hinaus veröffentlichen die Professoren durchschnittlich mehr Texte. Ostdeutsche Wissenschaftler kamen 2008 auf 1,19 Publikationen pro eine Million Einwohner, ihre Kollegen im Westen dagegen nur auf 1,03 (jeweils ohne Berlin). Hier zeigt sich allerdings in überraschender Analogie zu den Unternehmen: Die ostdeutschen Publikationen sind weniger international ausgerichtet und werden weniger rezipiert (Schmoch/Schulze 2010).

Was können wir festhalten? Es gibt zwar Indikatoren, die darauf hindeuten, dass die Hochschulen im Osten schwächer sind – eindeutig belegen lässt sich das aber nicht. Darüber hinaus ist zu erwarten, dass mit dem Abtritt der ersten Generation von Nachwendeprofessoren in den kommenden Jahren eine erneute Durchmischung von west- und ostdeutscher Forschungslandschaft stattfindet und damit letztlich auch eventuell hemmender Netzwerkeffekte abgebaut werden.

Behauptung 12: Die Zusammenarbeit zwischen Hochschulen und Wirtschaft funktioniert nicht.

Wie wir bereits in Kapitel 2 gesehen haben, sind sich Regional- und Innovationsökonomen einig, dass der Schlüssel für den Erfolg einer Region vor allem in der guten Zusammenarbeit ihrer Akteure liegt – und hier besonders der Wirtschaft mit den Hochschulen und der öffentlichen Forschungsinfrastruktur. In Kapitel 3 haben wir besprochen, dass im Osten nach der Wiedervereinigung etablierte Verbindungen verloren gingen. Wie ist die Situation heute?

Nach Behr/Thieme gibt es einen hohen Bedarf an FuE-Kooperation: Nur 10 Prozent der von den Forschern befragten Unternehmen sind bei der Lösung ihrer FuE-Probleme nie auf fremde Hilfe angewiesen. Gleichzeitig gibt es aber noch keine optimale Nutzung der öffentlichen Forschungsinfrastruktur: In der Optik-Industrie betreiben laut Befragungen und Experteninterviews von Behr/Thieme immerhin etwa 40 Prozent der Unternehmen regelmäßigen Austausch mit externen Forschern, bei den Maschinenbauern dagegen nur 20 Prozent. Rund 20 Prozent der Optik-Unternehmen und gar 40 Prozent der Maschinenbauer haben gar keine Kontakte zur Wissenschaft. (Behr/Thieme 2009: 75ff)

Wenn die Kooperation nicht funktioniert, scheint das verschiedene Gründe zu haben: Für Wissenschaftler gibt es nur geringe Anreize, mit der regionalen Wirtschaft zu kooperieren. Den mittelständischen Unternehmen mit ihren personellen und finanziellen Engpässen fehlt es dagegen an Ressourcen für Kooperationen. Das hat zur Folge, dass die Forschungsinstitute oftmals keine Information über den tatsächlichen Forschungsbedarf der Unternehmen haben. (Astor et al 2010)

Offenbar ist die Zusammenarbeit der Akteure in den Innovationssystemen also immer noch ein Problem. Allerdings muss man erwähnen, dass in den vergangenen Jahren auch auf politische Förderung hin eine massive Zahl an Forschungsprogrammen und Clustern gestartet wurde und auch die Gründungs- und Transferstellen an den Universitäten professionalisiert wurden. Behr attestiert dem Osten daher eine „zunehmend bessere Verzahnung zwischen der teilweise sehr guten Wissenschaftsinfrastruktur und den Aktivitäten der Firmen" (Behr 2010a: 1).

Bei dieser zunehmenden Vernetzung sollte auch eine Besonderheit und Stärke des ostdeutschen Innovationssystems berücksichtigt werden: die Forschungs-GmbH. Sie sind nach der Wiedervereinigung durch Ausgründungen aus den FuE-Instituten der Kombinate oder der Ausgliederung von FuE-Abteilungen entstanden. Rund 13 Prozent des FuE-Personals der ostdeutschen Mittelständler ist bei ihnen beschäftigt. Sie treten dabei als Mittler zwischen Wissenschaft und Wirtschaft auf und sind häufig Moderatoren der Kooperationen. Sie können damit teilweise die Forschungszentralen von Großunternehmen kompensieren. (Astor et al 2010; BMI 2010: 125ff)

Behauptung 13: Die ostdeutschen Unternehmen kooperieren zu selten – und wenn, dann weniger effektiv.

Die Kooperation zwischen Unternehmen und Wissenschaft ist die eine Seite, die Kooperationen der Unternehmen untereinander die andere. Für die ostdeutschen Unternehmen können Kooperationen dazu dienen, ihre vorhandenen Größendefizite zu überwinden (Koschatzky/Lo 2005). Notwendig sind dafür Branchencluster – also mehrere Unternehmen der gleichen Branche an einem Ort.

Legt man strenge Kriterien an, fehlt es im Osten vollständig an solchen Branchenkonzentrationen. Wegen der fehlenden Großunternehmen reicht die Masse an Beschäftigten nicht, um von Clustern zu sprechen (Röhl 2009). Darüber hinaus deuten empirische Ergebnisse daraufhin, dass die vorhandenen Branchenballungen auch nicht unbedingt erfolgreich sind. Hornych/Schwarz (2008) haben 42 Branchenschwerpunkte im Osten auf die Zahl ihrer Patentanmeldungen untersucht und entdeckt, dass die rein sektorale Ballung nicht zu

mehr Innovationskraft führt. Das liege vermutlich an unzureichenden Netzwerk-
beziehungen zwischen den Firmen sowie zu kleinen FuE-Abteilungen.[25]
    Wechselt man von dieser aggregierten Betrachtung der Region auf die Un-
ternehmensebene, ergibt sich ein deutlich anderes Bild – auch wenn die Datengrundlage leider inzwischen veraltet ist. Nach einer Befragung des Fraunhofer-
Instituts für Systemtechnik und Innovationsforschung kooperierten 1999 rund 46
Prozent der ostdeutschen Unternehmen – deutlich mehr als in Westdeutschland,
wo die Zahl bei 28 Prozent lag (Kinkel/Lay 2000). Auch laut einer Studie des
IWH gingen Unternehmen in Ostdeutschland zwischen 1998 und 2000 häufiger
Kooperationen ein. Im Osten waren 15,9 Prozent der Unternehmen an Innovati-
onskooperationen beteiligt, im Westen nur 9,2 Prozent (Günther 2004). Im Osten
waren dabei die kooperierenden Firmen auch innovativer, aber weniger produktiv als ihre nicht-kooperierende Konkurrenz.
    Die höhere Innovationskraft durch Kooperation bestätigt sich zudem in ei-
ner Studie des DIW aus dem Jahr 2004. Demnach betrieben 37 Prozent der befragten Unternehmen des verarbeitenden Gewerbes FuE, darunter 55 Prozent in
Kooperation. Dabei forschten die kooperierende Unternehmen gemessen am
FuE-Budget im Mittel auch selbst intensiver als nicht kooperierende. Außerdem
war ihre Innovationskraft – gemessen an den Indikatoren Neuerungsgrad der
Produktpalette, Verfahrensinnovationen und Patente – höher. (Eickelpasch/
Pfeifer 2006; Eickelpasch 2009).
    Wir können also trotz der veralteten Datengrundlage schließen, dass sich
die ostdeutschen Unternehmen nicht gegen Kooperationen stemmen, sondern im
Gegenteil recht kooperationsbereit zu sein scheinen. Dabei bleibt es zweitrangig,
ob sie aus Schwäche dazu gezwungen sind (Kinkel/Lay 2000) oder aus Stärke
die Vorteile der gemeinsam höheren Innovationskompetenz nutzen
(Behr/Thieme 2009).

5.5 Zwischenfazit: Der blinde Fleck

Wir haben nun die prominentesten Argumente der Rückstandsdebatte diskutiert.
Nach der jeweiligen Aggregationsebene können wir dabei zwei zentrale Argu-
mentationslinien unterscheiden:

a) Die erste Argumentationslinie fokussiert auf *Unternehmen*, die im Osten andere Eigenschaften haben. Sie geht davon aus, dass es in Ostdeutschland systematisch andere Unternehmen als in Westdeutschland. Sie sind kleiner, häufiger Zulieferer und exportieren weniger, wodurch sie letztlich weniger er-

---

[25] Darüber hinaus sei hier auch noch einmal auf die generelle Problematik von Patenten als Indikator
verwiesen (vgl. Kapitel 3.2).

folgreich sind. Betrachtet man nun die aggregierten Daten der Region, addieren sich diese einzelnen Benachteiligungen zum Rückstand der Region. Implizit geht die Argumentation also davon aus, dass es keinen Rückstand mehr gäbe, wenn Ostdeutschland strukturell ähnliche Unternehmen wie Westdeutschland hätte.

b) Die zweite Argumentationslinie nimmt die *Region* in den Blick. Die Argumentationsfigur läuft ähnlich wie bei den Unternehmen: Regionen mit bestimmten Eigenschaften (Wirtschaftsstruktur; Kooperationskultur; Netzwerke etc.) sind weniger erfolgreich. Auch hier wird implizit davon ausgegangen, dass nur diese Problem-Strukturen angegangen werden müssen, um die gleiche Leistung wie im Westen zu erreichen.

Können diese Argumente den Rückstand erklären? Ragnitz hat in zwei Studien die Auswirkungen der Strukturen auf den Ost-West-Unterschied untersucht. Zunächst hat er den Einfluss der prominentesten Differenz auf die Produktivität geprüft: Überträgt man die Größenstruktur der westdeutschen Unternehmen auf die Betriebe im Osten, würde die Produktivität von 72,5 Prozent auf 91 Prozent des Westniveaus steigen (Ragnitz 2005). In einer neueren Untersuchung über die Lohnunterschiede berücksichtigt Ragnitz zudem weitere Strukturunterschiede. Kontrolliert man die Bruttolöhne auf Branchenstruktur oder Tätigkeitsprofil (Leistungsgruppe) der Angestellten, ergibt sich nur eine minimale Angleichung. Als wirkliche Erklärgröße erweist sich wiederum die Größe: Durch die unterschiedliche Betriebsgröße lässt sich der Rückstand um immerhin zehn Prozentpunkte vermindern. Es bleibt aber ein unerklärter Unterschied von weiteren 12 Prozentpunkten zwischen den alten und neuen Bundesländern. (Ragnitz 2010) Darüber hinaus haben wir im Theoriekapitel gesehen, dass eine geringe Bevölkerungsdichte als Erklärung für die schwache Leistung von Regionen herangezogen wird. Tatsächlich ist der Westen mit durchschnittlich 264 Einwohnern pro Quadratkilometer wesentlich dichter besiedelt als der Osten, der inklusive Berlin gerade einmal auf 153 kommt. Brenke/Zimmermann (2009b) haben mit einer Regressionsanalyse herausgefunden, dass die Bevölkerungsdichte 30 Prozent der unterschiedlichen Leistungsfähigkeit (gemessen am BIP) der deutschen Regionen erklären kann.[26]

Was können wir daraus schließen? Bei aller Unsicherheit, die solch komplexe mathematische Verfahren grundsätzlich mit sich bringen: Untersuchen wir den Unterschied zwischen Ost- und Westdeutschland anhand der populären Strukturunterschiede, bleibt offenbar ein Erklärungslücke.

---

[26] Brenke/Zimmermann weisen allerdings selbst daraufhin, dass ihre Analyse durch das wirtschaftlich schwache, aber dicht besiedelte Ruhrgebiet verzerrt ist.

These 1: Die Erklärungen beruhen überwiegend auf Argumenten über die Struk-
turmerkmale der Region bzw. der Unternehmen. Es bleibt ein Erklärungsrest.

Versuchen wir nun die Erkenntnisse der ersten beiden Kapitel in dieses Zwischenfazit einfließen zu lassen. Wir haben gesehen, dass die Geschichte in Form von Wirtschaftsstrukturen bis heute nachwirkt. Darüber hinaus wirkt sie auch noch in den Köpfen. Neben der wirtschaftlichen Teilung Deutschlands gibt es eine moralische Teilung.

Auch zwanzig Jahre nach der Wiedervereinigung sehen Mehrheiten in beiden Landesteilen mehr Unterschiede als Gemeinsamkeiten in den Mentalitäten – und das überraschenderweise besonders in der jüngeren Generation. Man kennt sich kaum: Nur jeder fünfte Westdeutsche hat Freunde oder Bekannte im Osten; nur jeder dritte Ostdeutsche hat welche im Westen. Jeder dritte Westdeutsche war bisher noch nicht einmal im Gebiet der ehemaligen DDR (Heitmeyer 2010). Darüber hinaus grenzen sich Ost- und Westdeutsche voneinander ab: Viele Westdeutsche fühlen sich immer noch als Sieger im Kampf der Systeme, viele Ostdeutsche als Verlierer. Die Ostdeutschen schreiben sich als Verlierer im wirtschaftlichen Systemkampf menschlich positivere Eigenschaften zu (sozial, fleißig, friedfertig), die sie den „Wessis" nicht zubilligen. Dafür sieht mehr als die Hälfte der Westdeutschen die Mentalität der Ostdeutschen als starken oder sehr starken Grund für den wirtschaftlichen Rückstand (Köcher 2009; Schroeder 2010).

In der Debatte um den ökonomischen Rückstand spielt diese moralische Teilung allerdings keine Rolle. Dabei gibt es Hinweise, dass die Mauer nicht nur in den Köpfen, sondern auch in den wirtschaftlichen Handelsströmen noch existiert. Nitsch und Wolf (2009) weisen in einer statistischen Untersuchung der Transportströme zwischen deutschen Regionen nach, dass die Einflüsse der ehemaligen innerdeutschen Grenze zwar abnehmen, aber nur sehr langsam. Im Jahr 2004 lagen die Handelsströme (gemessen in transportierten Tonnen) über den nicht mehr vorhandenen Eisernen Vorhang immer noch 28 Prozent unter den durchschnittlichen Handelsströmen zwischen den deutschen Regionen – obwohl der Einfluss der Bundesländer kontrolliert wurde. Es erscheint mir daher durchaus plausibel, dass sich die gegenseitige Bewertung auf den ökonomischen Ost-West-Unterschied auswirkt.

These 2: Ost-West-Unterschiede sind mental immer noch viel stärker verankert
als in der Rückstandsdebatte thematisiert wird. Wir müssen die moralische Tei-
lung Deutschlands als Faktor systematisch in die Debatte einbringen.

Trotz dieser offenbar vorhandenen (doppelten) Teilung, können wir Ost und West allerdings auch nicht wie zwei getrennte Volkswirtschaften behandeln. Beide Landesteile sind vielfach verflochten. Der Osten ist auf die Westtransfers angewiesen. Darüber hinaus ist die Ostwirtschaft stark abhängig von der Westdeutschen. Zum einen, weil ein Großteil der ostdeutschen Unternehmen als „verlängerte Werkbänke" in den Händen westdeutscher Konzerne ist; zum anderen, weil viele kleine und mittelständische Ostfirmen als Zulieferer abhängig von westdeutschen Finalproduzenten sind. (Behr 2010a)

Dieser Transfer ist aber mitnichten eine Einbahnstraße. Ostdeutschland ist nicht nur ein großer Absatzmarkt für Westunternehmen. Rund 300 000 Ostdeutsche pendeln zur Arbeit in den Westen und tragen damit rund acht Milliarden Euro jährlich zur westdeutschen Wirtschaftsleistung bei (Paque 2009: 185). Der Osten ist außerdem Produzent günstigen Arbeitskräfte für die Westländer. 1,1 Millionen Menschen sind seit 1990 netto aus dem Osten in den Westen gezogen sind und sorgen dort für eine nicht zu unterschätzende Wertschöpfung. Darüber hinaus ist der Osten für den Westen günstiges Produktionsland – mit deutlich niedrigeren Löhnen und einem deutlich höheren Anteil an Leiharbeitskräften.

These 3: West und Ost sind ökonomisch vielfach verflochten. Wir sollten diese Verflechtungen in ihrer Wirkung auf die unterschiedliche Leistungsfähigkeit der Regionen und Unternehmen systematischer analysieren.

Schließlich sollten wir festhalten, dass die strukturlastige Debatte der Ökonomen systematisch die Akteursperspektive ausblendet. Wie blicken die Handelnden auf den Ost-West-Rückstand? Was nehmen sie als Problem wahr – was nicht? Um den Rückstand und die Zusammenhänge zwischen beiden Teilungen besser verstehen zu können, brauchen wir eine alternative Herangehensweise: die Einbeziehung der Sicht der Akteure und ihres spezifischen Fokus auf die Probleme. Inwieweit werden die Strukturmerkmale und Institutionen von den Akteuren wahrgenommen, interpretiert und umgesetzt? Die hierzu notwendigen qualitativen Studien sind mit Ausnahme der Arbeiten von Michael Behr bisher allerdings äußerst rar. Darüber hinaus erscheint es vielversprechend, Struktur- und Akteursebene zu verbinden.

These 4: Wir müssen die Perspektive der Akteure und vor allem die Wechselwirkungen zwischen Strukturen und Akteuren stärker berücksichtigen.

Meine Idee ist, dass sich diese Anforderungen mit Hilfe des französischen Soziologen Pierre Bourdieu umsetzen lassen. Im Folgenden ist es daher mein Ziel, den Wiedervereinigungsprozess im Gedankengebäude Bourdieus zu modellieren. Mit seiner Hilfe soll dann eine Theorie ausgearbeitet werden, mit der wir erklären können, warum sich die ökonomische und die moralische Teilung Deutschlands permanent reproduzieren.

6. Soziologie als Kampfsport – Pierre Bourdieu

„In der Tat habe ich mich über das, was man das Paradox der doxa nennen könnte, schon immer gewundert. Die Tatsache, dass die Weltordnung, so wie sie ist, mit ihren Einbahnstraßen und Durchfahrverboten, im eigentlichen wie im übertragenen Sinn, ihren Verpflichtungen und Sanktionen grosso modo respektiert wird und dass es nicht zu mehr Zuwiderhandlungen oder Subversionen, Delikten und `Verrücktheiten` kommt."[27]

In der modernen Gesellschaft geht es alles andere als gerecht zu: Reiche bleiben reich, Mächtige mächtig, Arme arm. Generation über Generation halten sich die Machtstrukturen – und trotzdem kommt es nur selten zu Protesten und so gut wie nie zu großen Umstürzen. Im Großen und Ganzen scheinen wir zufrieden mit der Welt, die Ungerechtigkeit wird als gott- oder naturgegeben stillschweigend akzeptiert. Warum eigentlich? Das ist wohl die zentrale Frage hinter der Soziologie von Pierre Bourdieu. Warum fügen sich die Menschen so einfach in ihr Schicksal? Warum akzeptieren sie die Ungerechtigkeiten der Welt unhinterfragt?

Dieser Blick auf die ungewöhnliche Beständigkeit sozialer Verhältnisse und selbstverstärkende soziale Prozesse, macht Bourdieu interessant für die auch zwanzig Jahre nach der Wiedervereinigung noch bestehende Teilung Deutschlands in Ost und West. Versuchen wir Bourdieus Theorie zunächst einmal zusammenfassend zu verstehen. Die Grundidee ist recht einfach: Die soziale Position eines Menschen in der Gesellschaft bestimmt seine Wahrnehmung, sein Denken und sein Handeln. Ob wir viel Geld haben oder wenig, hohe oder niedrige Bildung, bereits als Kind in die Oper gehen mussten, von unseren Eltern zum Klavierunterricht oder zum Zigarettenholen geschickt wurden: All das schreibt sich in unseren Körper ein, beeinflusst unsere Art zu reden, uns zu bewegen, prägt unsere Weltsicht, unseren Geschmack, unsere Lösungsmuster für Probleme, unsere Ziele und Wünsche. Die sozialen Zwänge werden während der Sozialisation als Habitus in den Akteur hineinkopiert und prägen künftig sein Verhalten, so die Grundthese von Bourdieu. Soziale Unterschiede erscheinen dadurch nicht mehr als sozial konstruiert, sondern als natürlich. Der jeweilige Erfolg wird beispielsweise als Ergebnis unterschiedlicher Intelligenz, nicht unterschiedlicher Bildung, aufgefasst.

Bourdieu betrachtet die Gesellschaft vor allem unter dem Aspekt der Chancenverteilung. Diese Chancen nennt er Kapitalien. Neben dem klassischen öko-

---

[27] Pierre Bourdieu (Bourdieu 2005d: 7)

nomischen Kapital sieht er vor allem die Bildung und Erziehung des Akteurs im weitesten Sinne („kulturelles Kapital") sowie dessen soziale Beziehungen („soziales Kapital") als zentrale Ausstattung im Kampf um Einfluss, Macht und Geld. Diese objektiv messbaren Chancen durch Geld, Bildung und Beziehungen übersetzen sich in unterschiedlichen gesellschaftlichen Teilbereichen – bei Bourdieu Felder genannt – in Ansehen („symbolisches Kapital"), das dazu befähigt, Einfluss („symbolische Macht") auf andere Akteure zu nehmen.

Ob nun Geld oder doch eher Bildung zu Ansehen verhilft, ist in den Feldern allerdings nicht starr festgelegt, sondern Ergebnis permanenter Auseinandersetzung. Kapital ist in diesen Kämpfen zugleich Waffe und umkämpftes Objekt. Es kommt also zu einer zirkulären Selbstverstärkung, die grundsätzlich die Position der Starken stützt und die Schwachen klein hält. Das gilt nicht nur für das ökonomische Kapital, sondern auch für die anderen Kapitalsorten und insbesondere für das symbolische Kapital. Die Selbstbeschreibung der Gesellschaft (das Symbolische) ist umkämpft und wird vor allem von den Kapitalstarken beeinflusst. Weil diese Beschreibungen aber als objektiv und natürlich erscheinen, nehmen die Akteure damit auch die soziale Ungleichheit nicht mehr als sozial konstruiert wahr, sondern als natürlich gegeben.

Genau hier sieht Bourdieu die Aufgabe der Soziologie. Sie soll die Wirksamkeit dieser „Magie des Symbolischen" durch Aufklärung durchbrechen (Bourdieu 1991c: 99). Soziologie ist Kampfsport, fasste Bourdieu sein wissenschaftliches Selbstverständnis einmal in einem Radiointerview zusammen[28]: Selbstverteidigung der Schwachen gegen Ungerechtigkeit. Soziologie ist also für Bourdieu „per se kritisch", sie offenbart „Geheimnisse", der Soziologe ist ein „Störenfried" (Schroer 2004: 249 ff).

Bourdieu hat im Laufe seines Lebens mehr als 40 Bücher und 400 Aufsätze geschrieben (Schwingel 2009: 169). Ob Kultur, Medien, Wirtschaft, Bildung – er hat seine Theorie auf die verschiedensten Fragestellungen angewandt und sie immer wieder weiterentwickelt und angepasst. Theorie war für ihn dabei nie Selbstzweck, sondern stets nur Werkzeug, um konkrete empirische Probleme zu erklären (Bourdieu 1991: 5; 1993[29]: 56). Das hat eine Konsequenz: Es gibt keine konsistente und abschließende Auslegung seiner Theorie. Aus diesem Grund ist es im Folgenden nötig ist, die Bausteine seiner Gedanken in meiner Interpretation ausführlicher darzustellen. Anzumerken ist noch, dass ich aus Gründen der Platzersparnis auf eine systematische Darstellung der Kritik an Bourdieu verzichte. Theoretische Probleme werden jeweils dort diskutiert, wo sie bei der Lösung unseres Problems auftreten.

---

[28] Zu sehen im Film „Soziologie ist ein Kampfsport - Pierre Bourdieu im Porträt" von Pierre Carles.
[29] Im Folgenden beziehen sich Literaturangaben ohne Namensnennung auf Bourdieu.

6.1 Erkenntnistheorie – Jenseits von Struktur und Handlung

Die klassischen Soziologen[30] lassen sich nach ihrer erkenntnistheoretischen Haltung vereinfacht in zwei Gruppen einteilen: Die Handlungstheoretiker (methodologischer Individualismus, beispielsweise Max Weber) erklären die Gesellschaft aus den Handlungen der Individuen. Die Strukturtheoretiker (methodologischer Holismus, beispielsweise Karl Marx und Emile Durkheim) fokussieren den Zusammenhang aus der entgegengesetzten Perspektive: Die Strukturen der Gesellschaft prägen das individuelle Handeln, sie erklären also Handeln als Reaktion auf die Gesellschaft.[31]

Bourdieu hält die analytische Trennung von Gesellschaft und Individuum respektive Handlung und Struktur für überholt. Handlungstheoretikern (Bourdieu spricht von Subjektivismus oder Sozialphänomenologie), die den subjektiv gemeinten Sinn von Handlungen rekonstruieren, wirft er eine „subjektivistische Illusion einer unmittelbaren Erkenntnis" (1991b: 273) vor. Handeln habe grundsätzlich mehr Sinn als die Akteure wissen, daher müsse die Wissenschaft mit deren Alltagserfahrung brechen. Strukturtheoretikern (Bourdieu spricht von Objektivismus oder Sozialphysik), die objektive Strukturen hinter den Akteuren analysieren und logische Gesetze daraus formulieren, wirft er dagegen eine „objektivistische Illusion absoluten Wissens" (1991b: 273) vor. Die Logik der Logik sei nicht gleich der Logik der Praxis. In der Realität würden Akteure sich nicht passiv an Strukturen anpassen, sondern Regeln manipulieren und für sich auszunutzen versuchen.

Bourdieu fordert daher einen „doppelten Bruch" (1998b: 83) mit der bisherigen Theorietradition. Soziologie solle mit den Gewissheiten des Alltagslebens (also mit dem Subjektivismus) brechen, gleichzeitig aber die Praxis (also die subjektive Sicht; die symbolische Ebene der Gesellschaft) wieder in die Theorie hineinholen – also auch den Objektivismus überwinden (1985a: 15f).

Aber wie? Akteur und Gesellschaft – analog Handlung und Struktur – sind für Bourdieu nicht zwei getrennte Sachverhalte. Sie seien nur zwei unterschiedliche Formen des Sozialen, die erst gemeinsam die soziale Praxis bilden (siehe Abb. 2), argumentiert er (1976: 164ff). Die Gesellschaft beeinflusst den Akteur:

---

[30] Also diejenigen, die im Fachkanon zu „Klassikern" erklärt wurden. Vergleiche dazu Rosa/Strecker/Kottmann 2007.

[31] Bourdieu verwendet für die Herleitung des doppelten Bruches in verschiedenen Büchern (1985b; 1991b; 1998b) leicht unterschiedliche Begriffe und Definitionen. Aus Gründen des besseren Verständnisses führe ich hier die leicht unscharfe Trennung zwischen Handlungs- und Strukturtheoretiker. ein Diese hinkt jedoch an der Stelle, wo sich Bourdieu von der Neoklassik abgrenzt: Die Neoklassik ist dem methodologischen Individualismus zuzurechen – erklärt die Entscheidungen aber nicht anhand des subjektiv gemeinten Sinns, sondern aufgrund objektiver Handlungsgesetze. Bourdieu rechnet sie daher dem Objektivismus zu.

Das Positionsgefüge ist durch die symbolischen Beschreibungen der Gesellschaft mit der Sozialisation im Habitus verankert und beeinflusst als Präferenz jede Handlung. Gleichzeitig ist aber der Akteur Teil der Gesellschaft: Jede Handlung ist (bewusst oder unbewusst) Teil der sozialen Kämpfe, welche die Struktur der Gesellschaft und ihre symbolische Repräsentation verändern.

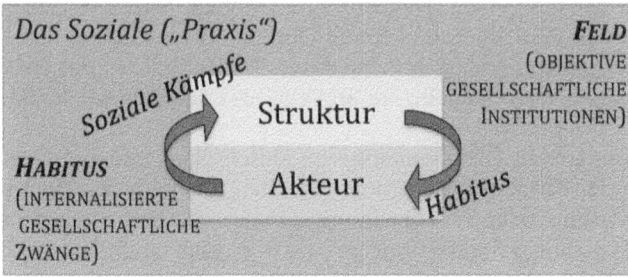

Abb. 2: Erscheinungsformen des Sozialen (eigene Darstellung)

Das Soziale zeigt sich also in den objektiven gesellschaftlichen Institutionen[32], den Feldern, und in den internalisierten gesellschaftlichen Zwängen, dem Habitus. Beide sind aber nicht getrennt, sondern perfekt aneinander angepasst. Die Strukturen und der Habitus bilden zusammen die Praxis, also das, was Bourdieu den „sozialen Sinn" (1987), den „Sinn für Grenzen" (1985: 18) oder die „Welt des Alltagsverstandes" (1987: 108) nennt. Weil die soziale Welt uns schon immer so geprägt hat, erscheint sie uns in all ihren Unterscheidungen und Ungerechtigkeiten als natürlich.

Welche Konsequenzen hat das für den Soziologen? Er muss sich gedanklich an den Ort seiner Objekte begeben und fragen, warum jemand zu seiner Weltsicht gelangt ist. Er analysiert also, wie Akteure ihre Wahrnehmungs- und Bewertungsschemata entwickelt haben und wie sie diese anwenden. In der Tradition von Karl Marx untersucht er zunächst die Strukturen als die objektiven Kräfteverhältnisse der Akteure zueinander, um sie dann in einem zweiten Schritt mit den jeweils zu den Positionen gehörenden Lebensstilen im Sinne von Max Weber zu analysieren.

6.2 Habitus – Die Gesellschaft im Individuum

Die gesellschaftlichen Gegebenheiten sind als Wahrnehmungs- und Bewertungsmaßstäbe bei Bourdieu also Teil des Akteurs. Aber wie werden diese Struk-

---

[32] Der Begriff Institution ist bei Bourdieu genauso diffus wie im Ansatz der Innovationssysteme (vgl. auch Florian 2006).

turen ins Individuum hineinverlagert? Indem die Regeln, Strukturen und Institutionen durch frühere Erfahrungen in den Akteuren eingeschrieben sind, so Bourdieu. Er vertritt die These, dass ein Großteil unserer alltäglichen Handlungen nicht rational oder bewusst abläuft, sondern nach habitualisierten Lösungsmustern (1997: 169). Diese bewährten Schemata – beispielsweise zu wissen, wie man in einem Supermarkt bezahlt, ohne Nachdenken zu müssen – erleichtern das alltägliche Leben. Sie machen es im Grunde erst möglich, weil sie uns vom ständigen Nachdenken entlasten.

Frühere Erfahrungen bestimmen also unser derzeitiges Wahrnehmen, Denken und Handeln – ohne dass wir notwendigerweise wissen müssen, woher diese Erfahrungen stammen (z.b. wann und wie wir gelernt haben, in einem Supermarkt einzukaufen). Diese Selbstverständlichkeiten, die uns Orientierung im sozialen Raum bieten, wirken wie eine „zweite Natur" oder ein Instinkt (1987: 97ff).

Sie sind aber – so Bourdieus Kernthese – weder für alle gleich, noch für jeden Menschen unendlich individuell (1982: 34; 1987: 112ff). Vielmehr gibt es typische Erfahrungen, die mit einer sozialen Position verbunden sind. Kinder von Akademikern in Vororten von Großstädten dürften in ihrer Sozialisation ähnliche Erfahrungen machen, deswegen tendieren sie zu ähnlichen Wahrnehmungen, Verhaltens- und Denkweisen.

Mit dem Habitus werden also die Regeln, Strukturen und Institutionen durch frühere Erfahrungen als Wahrnehmungs-, Denk- und Handlungsmöglichkeitsraum auf die Handlungen der Individuen übertragen. Als Scharnier zwischen der gesellschaftlichen Struktur und den individuellen Verhaltensweisen ermöglicht es der Habitus, Präferenzen, Neigungen und Bedürfnisse, die in der neoklassischen Theorie (genau wie im Ansatz der Innovationssysteme) exogen sind, endogen zu erklären – aus der sozialen Position des Akteurs (2002; 2005b). Der Habitus ist also vorgegeben („strukturierte Struktur") und prägt die individuellen Verhaltensweisen („strukturierende Struktur"). Das Verhalten ist aber nicht vollständig determiniert (1985b: 103f). Der Habitus bietet Schablonen an, erprobte Reaktionen, die situationsspezifisch angepasst werden (müssen). Über diese Individualität kommt es dann wiederum zu Rückwirkungen auf die gesellschaftliche Struktur.

6.3 Feld und Kapital – Gesellschaft als sozialer Kampf

Obwohl der Habitus begrenzt, wie ein Akteur wahrnimmt, denkt und handelt, bedeutet das Bourdieu zufolge nicht, dass das Individuum nur passiv auf Zwänge reagiert (1985a: 27). Stattdessen nimmt er – wie die ökonomische Theorie – an, dass Akteure mit ihren Handlungen versuchen, ihren Nutzen zu maximieren. Allerdings ist sein Nutzenkonzept breiter als das der Ökonomen[33]: Er entwickelt eine „allgemeine Ökonomie der Felder" (1997: 73) und zeigt, dass es in sozialen Kämpfen um mehr als nur finanziellen Nutzen geht. Seine These: Auch mit nicht unmittelbar an finanziellen Gewinnen orientierten Handlungen lässt sich Nutzen erzielen – symbolischen Gewinne wie die Verbesserung der sozialen Position, des Einflusses und der Macht.

Bourdieu wendet damit das ökonomische Kalkül der Nutzen-Maximierung auf alle Güterarten an. Diese nennt er Kapitalien. Kapital ist dabei – ganz allgemein gesprochen – eine Ressource oder Befähigung eines Akteurs.

> „Das Kapital ist eine der Objektivität der Dinge innewohnende Kraft, die dafür sorgt, dass nicht alles gleich möglich oder gleich unmöglich ist. Die zu einem bestimmten Zeitpunkt gegebene Verteilungsstruktur verschiedener Arten und Unterarten von Kapital entspricht der immanenten Struktur der sozialen Welt." (1983: 183)

Bourdieu unterscheidet drei (Haupt-)Arten von Kapital:[34]

a) Ökonomisches Kapital
   sind alle Formen des materiellen Reichtums.

b) Kulturelles Kapital (1983: 185)
   gliedert sich in drei Unterformen. *Inkorporiertes kulturelles Kapital* sind im Habitus verankerte kulturelle Fähigkeiten und Wissen. Es zeigt sich beispielsweise in der Art des Auftretens, dem Geschmack, dem Sprechen etc. *Objektiviertes kulturelles Kapital* sind kulturelle Objekte im Besitz des Akteurs, beispielsweise Bücher, Gemälde, Instrumente etc. *Institutionalisiertes kulturelles Kapital* sind Bildungstitel.

c) Soziales Kapital (1983: 190)
   sind die Beziehungen und sozialen Netze, die ein Akteur hat.

Der Umfang und die Zusammensetzung des Kapitals, über das ein Akteur im Vergleich zu den anderen Akteuren verfügt, bestimmen seine soziale Position (sowohl in der Gesamtgesellschaft, als auch in jedem Feld). Wie wir bereits beim Habitus gesehen haben, ist jede Position – als Folge verschiedener Kapitalausstattung – durch bestimmte Einschränkungen und Bedingungen gekennzeichnet, die einen Möglichkeitsraum aufspannen und so die Strategien vorbestimmen.

---

[33] Bourdieu behauptet, dass es breiter ist. Tatsächlich könnte man darüber diskutieren, wie breit das Nutzenkonzept der Neoklassik ist. Theoretisch lässt es sich sehr weit fassen – allerdings ist es dann kaum noch zu operationalisieren.

[34] Die Liste des Kapitals ist allerdings nicht abschließend. Welche Kapitalsorten bzw. Unterkapitalsorten es gibt, variiert Bourdieu nach seinem pragmatischen Theorieverständnis frei mit dem Untersuchungsgegenstand.

Treffen die Akteure nun Entscheidungen über Strategien, tun sie das immer auf der Basis des beschränkten und ungleich verteilten Wissens, das sie in ihrer Position haben.

In der Theorie hat das Konzept des Kapitals also zwei Funktionen: Zum einen ist Kapital die Waffe in den Macht- und Positionskämpfen und bestimmt, welchen Habitus ein Akteur hat und damit welche Strategien er in den Kämpfen verfolgt. Zum anderen ist Kapital das Ziel dieser Kämpfe, das umkämpfte Objekt. Was im ersten Moment tautologisch anmutet, betont eine von Bourdieus Grundüberzeugungen: Wer einmal Macht, Einfluss und Geld (also ein Waffenarsenal) besitzt, dem wird es wesentlich leichter fallen, diesen Bestand auszubauen, als jemandem ohne diese Möglichkeiten. Die Verteilung des Kapitals zu einem Zeitpunkt ist also immer nur eine Momentaufnahme: der „photographischen Aufnahme einer Billard- oder Pokerparty ähnlich, die den jeweiligen Stand der Aktiva – Billiardkugel oder Chips – festhält" (1982: 381).

Neben den handfesten Kapitaleinsätzen ist für die gesellschaftliche Entwicklung dabei ein zweiter Faktor wichtig: Die Definition der legitimen Mittel im Kampf und die Wirksamkeit der Ressourcen. Dazu führt Bourdieu eine vierte Kapitalsorte ein: das symbolische Kapital (1985a: 22f). Es fungiert als Meta-Kapital über den anderen drei Kapitalsorten – und ist somit nicht direkt objektiv messbar. Es zeigt an, welche Wertschätzung einem Akteur entgegengebracht wird bzw. welche Macht er hat, seine Ansprüche durchzusetzen.

Dabei folgt das symbolische Kapital der gleichen Logik wie die anderen Kapitalsorten. In jedem Feld und in der Gesamtgesellschaft konkurrieren verschiedene Gruppen darum, ihre Sicht auf die Welt als „legitime Definition der Wirklichkeit" (1985b: 258) durchzusetzen – und damit Einfluss zu erlangen. In der Hochschule könnte dieser Streit beispielsweise zwischen Professoren mit hoher praktischer Forschungsrelevanz (ökonomischem Kapital) und Professoren mit hoher Forschungsreputation (kulturellem Kapital) verlaufen.[35]

6.4 Die Welt des Symbolischen – Verborgene Mechanismen der Macht

Dass ein Pilot mehr Geld verdient als ein Lokführer, ein Lehrer mehr als eine Kindergärtnerin, ein Anwalt mehr als ein Sozialarbeiter – das sind Fakten, die von der Gesellschaft allgemein als legitim angesehen werden. Piloten, Lehrer und Anwälte tragen schließlich mehr Verantwortung, wurden länger ausgebildet und machen einen wichtigeren Job – oder etwa nicht? So viele Argumente dafür oder dagegen gefunden werden können – es gibt soziale „Wahrheiten" in der Gesellschaft, die nicht begründet werden müssen. Sie sind allgemein akzeptiert.

---

[35] Dass sich das Bourdieusche Denkmodell anbietet, auch den derzeitigen Strukturwandel an den Universitäten damit zu untersuchen, haben Dörre/Neis (2010) gezeigt.

Warum? In Kodifizierungen wie Sprichwörtern, Redewendungen und Floskeln werden bestimmte legitime Sichtweisen auf die Welt vermittelt, die unsere Erkenntnis der sozialen Welt bestimmen, so eine zentrale These von Bourdieu (2005d: 10ff, 78; 1985a: 19). Der „Sinn der Sozialwelt" (1982: 748), die Klassifikations- und Ordnungssysteme, sind aber nicht objektiv gegeben, sondern genauso umkämpft wie andere knappe Güter – und damit von den kapitalstarken Akteuren bestimmt. Für ihn ist dieser Mechanismus der zentrale Faktor für die Beständigkeit bestehender sozialer Verhältnisse – und damit die „vergessene Dimension der Klassenkämpfe" (ebd.: 755).

In der modernen Gesellschaft wird Bourdieu zufolge Macht nicht mehr mit direkter physischer Gewalt durchgesetzt, sondern durch symbolische Gewalt.[36] Macht wird dann anerkannt, wenn sich die mit ihr verbundenen Symbole (Zeichen, Wörter etc.) als legitim durchsetzen. Symbolische Gewalt ist damit das Potenzial, Bedeutungen und Symbole in Gruppen oder in der Gesamtgesellschaft durchzusetzen, die von allen anderen als legitim erfahren werden – also nicht mehr weiter sachlich begründet werden müssen. (Jenkins 2007: 104; Peter 2004: 48; Fuchs-Heinritz/König 2005: 207ff)

Historisch gewachsene gesellschaftliche Verhältnisse erscheinen dadurch als von Natur aus gegeben. Sie sind im wahrsten Sinne des Wortes für die Akteure nicht anders denkbar, weil der Körper gelernt hat, die Welt nach den Teilungsprinzipien wahrzunehmen, die ihn geformt haben. (1982: 752) Gehorsam ist dann keine bewusste Entscheidung mehr, sondern via Sozialisation so in den Körper (Habitus) eingeschrieben. Damit erscheinen Unterschiede zwischen den Individuen als natürlich (z.B. Bildungsunterschiede als Intelligenzunterschiede).

Doch wer hat diese Macht, „kraft Namensgebung etwas existent" (1985a: 19) zu machen? Wie immer bei Bourdieu ist das eine Frage des Kampfes: „Im Kampf um die Durchsetzung der legitimen Sicht von sozialer Welt (...) besitzen die Akteure Macht jeweils proportional zum Umfang ihres symbolischen Kapitals, das heißt proportional zum Maß ihrer Anerkennung durch eine Gruppe." (ebd.: 23)[37] Dabei ist der Staat der Träger des Monopols auf legitime symboli-

---

[36] Wie häufig bei Bourdieu sind die Begriffe nicht immer trennscharf definiert – was auch einiges Durcheinander bei seinen Rezipienten zur Folge hat. Alternativ für symbolische Macht finden sich auch die Begriffe „hypnotische Macht" oder „Benennungsmacht". Die Abgrenzung zwischen symbolischem Kapital, symbolischer Macht und symbolischer Gewalt ist nicht immer ganz eindeutig. Sie werden mehr oder weniger synonym verwendet (vgl. auch Graßmann 2008). In unserem Fall interpretieren wir symbolisches Kapital als die Fähigkeit zur Durchsetzung symbolischer Macht. Symbolische Macht erscheint mir als die allgemeine Beschreibung des symbolischen Prozesses: Die Fähigkeit von Mächtigen, Dinge zu benennen. Diese wird zur symbolischen Gewalt, wenn diese Fähigkeit – bewusst oder unbewusst - in einer Situation konkret zum Ausdruck kommt, wobei der Prozess dabei insbesondere aus seiner Ungleichheitsperspektive über die Gewinner und Verlierer betrachtet wird.
[37] Für seine Studien über Frankreich entwickelt Bourdieu hier das Konzept des „Feldes der Macht". Stark orientiert an den Machtzirkeln der französischen Eliteschulen scheint es in seinem Erkenntnis-

sche Gewalt (1991c: 99) – wodurch die Politik zur Haupt-Kampfarena um symbolische Macht wird:

> „Die politische Auseinandersetzung ist ein kognitiver (...) Kampf um die Macht, die legitime Sicht der sozialen Welt durchzusetzen, genauer: um die in Form eines symbolischen Kapitals an Ansehen und Ehrbarkeit akkumulierte Anerkennung, die dazu ermächtigt, das legitime Wissen um den Sinn der sozialen Welt, um ihre gegenwärtige Bedeutung und um die Richtung, in die sie sich entwickelt und entwickeln soll, festzulegen" (2001d: 238).

Wie aber werden die symbolischen Verschleierungen in die Akteure verlagert? Via Habitus, lautet die kurze Antwort. Wie genau? Dieser Frage widmet Bourdieu zahlreicher seiner empirischen Arbeiten. Zentral für die Vermittlung des Wissens über die symbolischen Ordnungssysteme, die als „Sinn für Grenzen" (1982: 748) fungieren, sind demnach das Bildungssystem und vor allem die Massenmedien. Die Grundlagen der Verhaltens-, Denk- und Wahrnehmungsweisen werden allerdings schon im Elternhaus gelegt.

In welcher Art Elternhaus ein Kind aufwächst, bestimmt die Art des Umgangs mit Kultur, Bildung und Sprache (ebd.: 120ff) Dabei bringen die in gesellschaftlich angesehenen Schichten erworbenen Fähigkeiten in der schulischen Laufbahn große Startvorteile (ebd.: 150ff) – wodurch es zu einer Reproduktion des kulturellen Kapitals kommt.[38] Indem der Erfolg im Ausbildungssystem mit einem Titel bestätigt wird, hat dieser Erfolg außerdem eine symbolische Dimension: Er bestätigt die erbrachte Leistung in einer objektiv anerkannten symbolischen Form (1991c).

Dass ist allerdings nur die eine Seite der symbolischen Reproduktion. Genauso entscheidend ist, dass die kulturellen Kompetenzen und Vorlieben unbewusst die Gruppen- oder Klassenzugehörigkeit enthüllen (1982: 355). Aus den Prägungen entstehen bestimmte klassen- oder gruppenspezifische Verhaltensmuster und Geschmacksvorlieben – für Autos, Getränke oder Ferienorte, Sprache oder Kleidungsstile. Diese fungieren – unbewusst oder bewusst – als Zeichen (oder: Symbole) der Distinktion[39], also quasi für alle Akteure einer Gesellschaft als Erkennungsmerkmal für die Zugehörigkeit zu einer Gruppe oder Klasse. Diese Muster werden schließlich in den Massenmedien ständig reproduziert –

---

gewinn für Deutschland eher untergeordnet – da die Macht hier weniger zentralistisch organisiert zu sein scheint.

[38] Am schönsten bringt diesen Zusammenhang Richard Jenkins auf den Punkt: „The habitus aquired during family education is the basis for the receipt of the classroom message, which, in its turn, is the basis for the response to all subsequent cultural and intellectual messages." (Jenkins 2007: 107)

[39] Im Gegensatz zum allgemeinen Verständnis ist Distinktion bei Bourdieu nicht notwendigerweise ein bewusster Prozess, sondern auch ohne jede Intention der Abgrenzung wirksam (1982: 382). Bourdieu verwendet das Wort Distinktion bei genauerer Betrachtung in doppelter Konnotation. Hier geht es zunächst statisch um distinktive Zeichen als Erkennungsmerkmal. Darüber hinaus betrachtet er Distinktion auch als Prozess der Entstehung dieser Zeichen in Abgrenzung zu anderen Gruppen.

und damit in ihrer Erscheinung als natürlich gegeben noch verstärkt. Vor allem im Fernsehen sieht Bourdieu daher eine entscheidende Produktionsstätte symbolischer Macht, weil es hier zu einem Wirklichkeitseffekt kommt: Was man sieht, muss wahr sein. (1998c: 28; Peter 2004)

Die distinktiven Erkennungsmerkmale einer Gruppe können dabei zum Symbol für Minderwertigkeit werden, also – wie Bourdieu es formuliert – zu einem „negativen symbolischen Koeffizienten" (2005c: 161). In der „Männlichen Herrschaft" führt er die Entstehung und Wirkung einer solchen symbolischen Abwertung anhand der Wirkung von Geschlechterrollen aus.

> „Durch die Erfahrung einer `geschlechtlich´ geregelten sozialen Ordnung und durch die expliziten Ordnungsrufe ihrer Eltern, Lehrer und Mitschüler (...) inkorporieren die Mädchen in Form von Wahrnehmungs- und Bewertungsschemata die Prinzipien der herrschenden Sichtweise, die für das Bewusstsein nur schwer zugänglich sind. Und diese bringen sie dazu, die soziale Ordnung, so wie sie ist, für normal oder gar natürlich zu halten". (2005d: 165)

Bourdieu spricht daher von einer „Unterbewertung des symbolischen Kapitals, das die Weiblichkeit mit sich bringt" (ebd: 162) – egal ob Putzfrau oder Managerin. Diese Art der symbolischen Abwertung könne es aber auch für andere stigmatisierte Gruppen geben, beispielsweise für Dunkelhäutige. Es gebe eine Reihe objektiver Teilungen, die den „Geist auf mehr oder weniger unmerkliche Weise" schüren, ohne sich als Facetten einer Struktur zu zeigen (2005d: 183).

6.5 Bourdieu als Raumsoziologe – Zwischen Ghetto und Klub

Dass solche „negativen symbolischen Koeffizienten" (2005d: 161) auch Orte sein können, beschreibt Bourdieu selbst in seinem Buch „Das Elend der Welt" bezogen auf die Pariser Armenviertel:

> „Ähnlich wie ein Club, der unerwünschte Mitglieder aktiv ausschließt, weiht das schicke Wohnviertel jeden einzelnen seiner Bewohner symbolisch, indem es ihnen erlaubt, an der Gesamtheit des akkumulierten Kapitals aller Bewohner Anteil zu haben. Umgekehrt degradiert das stigmatisierte Viertel symbolisch jeden einzelnen seiner Bewohner, der das Viertel degradiert, denn er erfüllt die von den verschiednen gesellschaftlichen Spielen geforderten Voraussetzungen ja nicht." (1998a: 159ff)

Raum ist bei genauerer Betrachtung eines der zentralen – und oft unterschätzten – Konzepte von Pierre Bourdieu (Schroer 2006; Schroer 2008; Stoetzer 2008). Er verwendet nicht nur für die soziale Welt die Raumanalogie, indem er die Positionen der Akteure in einem mehrdimensionalen sozialen Raum verortet, deren Dimensionen aus den einzelnen Kapitalsorten bestehen. Für ihn spielt auch der physische Raum eine entscheidende Rolle: Die Struktur des sozialen Raumes wird in den räumlichen Gegensätzen sichtbar, so seine grundlegende These (1997: 164; 1991a). Die sozialen Gegensätze manifestieren sich in räumlichen Abgrenzungen, die wiederum als Wahrnehmungs- und Bewertungskategorie – als angeeigneter physischer Raum – in den Habitus eingehen. So trägt der physische Raum entscheidend zur symbolischen Reproduktion der Ungleichheiten bei, weil er die Unterschiede als „natürlich" erscheinen lässt. Gleichzeitig sorgt er dafür, dass sich die Verhältnisse der einzelnen Klassen nur sehr langsam aufeinander zu bewegen. Es kommt nicht zu einer Vermischung von Akteuren aus unterschiedlichen Positionen des sozialen Raum, weil es schon unwahrscheinlich ist, dass sie sich physisch begegnen (1999: 26ff).

Entscheidend ist wie immer bei Bourdieu eine relationale Denkweise: Ein Ort steht niemals für sich allein – sondern immer in Relation zu anderen Orten. Die Bewohner der besseren Gegenden können dabei auf Raumprofite zurückgreifen, die Akteuren aus den schlechter gestellten Gegenden nicht zur Verfügung stehen: Bourdieu unterscheidet zwei Arten dieser Profite. Zunächst Situationsrenditen – also den Vorteil der kapitalstarken Akteure, sich „unerwünschte Personen und Dinge vom Leib zu halten wie sich den begehrten Personen und Dingen zu nähern" (1991: 30). Durch die Nähe zu begehrten Personen oder Gütern wird die Aneignung dieser Kapitalien entscheidend erleichtert.

Die zweite Art der Raumprofite sind die Positions- oder Rangprofite. Sie spielen auf den Distinktionswert – also den Gewinn an symbolischem Kapital – aufgrund einer renommierten Adresse an. So kann es zu einer symbolischen Erhöhung („Klub-Effekt") bzw. Degradierung („Ghetto-Effekt") von Orten kommen (1991a: 32). Akteure aus Nobelvierteln werden symbolisch erhöht, weil sie vom akkumulierten Kapital der anderen profitieren („Na wenn der da wohnt..."). Der umgekehrte Prozess setzt bei Akteuren aus Problemvierteln ein: Sie werden stigmatisiert („Ach, der kommt von da...")

Die Trennung der Räume reproduziert sich allerdings auch so stark, weil Orte immer an gewisse Habitusformen gebunden sind (1991a: 31f). Um sich an einem Ort sicher bewegen zu können, bedarf es der zu diesem Ort passenden habituellen Dispositionen – also des Wissens, wie man sich an diesem Ort zu bewegen hat. Dieses kann man sich nur im Laufe der Zeit aneignen. Es bedarf daher für diejenigen, die nicht in den Kreisen der Mächtigen aufgewachsen sind, großer Anstrengung, sich dort überhaupt frei zu bewegen. Da es an der habituell erlernten Selbstverständlichkeit fehlt, wie man sich dort zu bewegen hat, fällt sofort auf, wer dort fremd ist.[40]

---

[40] Wer diese Unangepasstheit einmal am eigenen Beispiel erfahren möchte, dem empfehle ich einen Besuch in einer der nobelsten Bars der britischen Hauptstadt, der Coburg Bar im Londoner Nobelviertel Mayfair. Dort dürfte dem kontinentaleuropäischen Mittelstandskind schnell auffallen, dass es

Die im Habitus verankerten Grenzen des Denk- und Machbaren äußern sich beispielsweise in Scham, Schüchternheit oder Ängstlichkeit. Sichtbare Symptome
wie Erröten, Sprechhemmung, Ungeschicklichkeit, Zittern sind „Weisen, sich
dem herrschenden Urteil, sei es auch ungewollt, ja widerwillig, zu unterwerfen"
(2001d: 217). Der Akteur erlebt die Situation also so, dass er quasi von selbst
wieder zur gesellschaftlich akzeptierten Normalität im Verhalten, Denken und
Wahrnehmen zurückkehrt. Es kommt zu einer „vorauseilenden Selbstexklusion"
(Schroer 2006: 118): Die Akteure betreten die Räume erst gar nicht, von denen
sie nicht wissen, wie sie sich dort verhalten sollen. („Das ist nichts für uns.")
    Nachdem wir uns in Bourdieus Gedankenwelt eingearbeitet haben, werde
ich mit diesem Instrumentarium im Folgenden die deutsch-deutsche Wiedervereinigung interpretieren.

---

schon an solchen Selbstverständlichkeiten wie der richtigen Art, sich zu begrüßen, zu sitzen oder die
Bestellung aufzugeben fehlt.

7. Ein anderer Blick auf die Wiedervereinigung

„Die eingefleischten Kenner wissen – dass die Männer im Osten besser küssen –
dass die Mädchen im Osten schöner sind – weiß heutzutage jedes Kind.
Dass die Mauern im Osten besser halten –
dass die meisten hier meistens etwas schneller schalten –
dass eigentlich fast alles etwas besser ist – als im Westen. (...)
Trotzdem sind wir viel zu bescheiden."[41]

„Ossi" stand groß am Rand ihrer Bewerbung, dahinter ein umkreistes Minuszeichen. Für Gabriela S. war das ganz klar Diskriminierung, für eine Stuttgarter Fensterbaufirma nur eine Bemerkung, die nichts mit der Nichteinstellung der gebürtigen Ostberlinerin zu tun hatte. Was 2010 als der „Ossi-Prozess" bundesweit durch die Presse ging, ist nur ein offensichtlicher Beleg, dass 20 Jahre nach der Wiedervereinigung der Begriff „ostdeutsch" noch negativ konnotiert ist. Wenn sich die gängigen Stereotype über so eine lange Zeit halten, muss es einen Prozess geben, der sie immer wieder bestätigt, so meine These. Ich möchte daher im Folgenden darlegen, dass sich diese moralische Teilung Deutschlands und die ebenso immer noch bestehende ökonomische Teilung gegenseitig bestätigen bzw. verstärken.

Dazu reinterpretiere ich den Prozess der Wiedervereinung mit dem Instrumentarium Bourdieus. Zunächst möchte ich die Idee in ihren groben Umrissen skizzieren: Im Bourdieuschen Sinne lässt sich die Wende wohl am besten als eine große *Kapitalumbewertung* interpretieren, die für die Ostdeutschen mit einer massiven Abwertung ihres althergebrachten Kapitals einherging – vom massiven Wertverlust eines Trabis bis zur plötzlichen Wertlosigkeit von Ausbildungen und Titeln. Seither sind die kapitalstarken Akteure in Westdeutschland beheimatet, während die Ostdeutschen im Durchschnitt deutlich weniger Kapital haben als die Westdeutschen. Darüber hinaus kam es in der Folge dieser Umbewertung in der ersten Hälfte der 1990er Jahre zu zwei entscheidenden Prozessen:

a) Wegen der Kapitalschwäche der Ostdeutschen wurde die deutsch-deutsche Debatte um die Wiedervereinigung sehr stark von den westdeutschen Akteuren geprägt. Beide Seiten interpretierten das Ende der DDR als endgültige Entscheidung in der Systemfrage. Synonym zum Sozialismus wurde die Eigenschaft „ostdeutsch" zum Symbol für Minderwertigkeit. Nicht zuletzt

---

[41] Der Song „Im Osten" des Sängers Kai Niemannn, der es 2001 bis auf Platz 4 der Charts schaffte.

durch die mediale Berichterstattung bildete sich so eine *Kultur der symbolischen Abwertung* Ostdeutschlands.

b) Die ehemaligen DDR-Bürger gerieten in eine Identitätskrise, weil ihre bestehenden habitualisierten Lebensstile nicht mehr an die Struktur der neuen Gesellschaft angepasst waren. Aus bestehenden Elementen des DDR-Habitus und den Einflüssen der Nachwendezeit entwickelte sich in Abgrenzung zu der als feindlich empfundenen Westgesellschaft ein ostdeutscher *Habitus der Bescheidenheit*, der die Gemeinschaftswerte der DDR in idealisierter Form wiederbelebt.

Einmal in Gang gesetzt wird das stabile Ungleichgewicht zwischen dem kapitalstarken Westen und dem kapitalschwachen Osten sowohl durch ökonomische als auch durch soziale Prozesse reproduziert – die sich dabei gegenseitig verstärken. Nachfolgend gehe ich zunächst auf meine Interpretation der Wende als Kapitalumbewertung ein (7.1). Daraufhin möchte ich die Entstehung der symbolischen Abwertung (7.2) und des Habitus der Bescheidenheit (7.3) in ihrer theoretischen Konzeption und ihren empirischen Belegen erläutern, bevor wir uns der zirkulären Selbstverstärkung der beiden Prozesse (siehe Abb. 3) widmen (7.4).

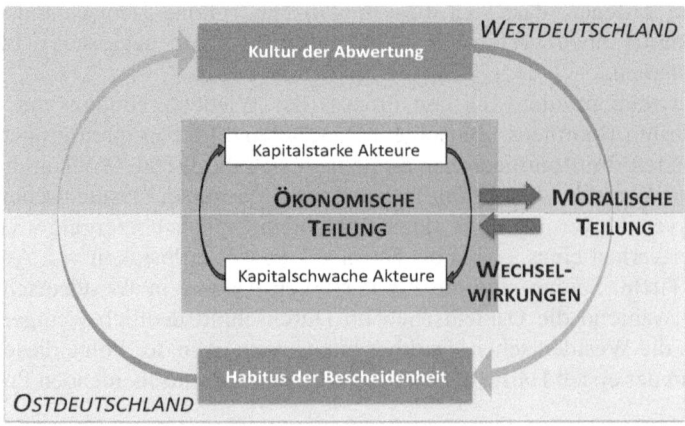

Abb. 3: Ebenen der Argumentation (eigene Darstellung)

7.1 Die Wende als Umbewertung

Aus Sicht der Bourdieuschen Theorie handelt es sich bei der Wiedervereinigung zunächst einmal um eine Umbewertung des Kapitals der Akteure in Ostdeutschland. Mit der Währungsunion wurde nicht nur das Bestandsvermögen in DDR-Mark in einem Verhältnis von zwei zu eins zur Deutschen Mark getauscht (vgl. Kapitel 4). Weit entscheidender dürfte die Änderung der Bewertungsgrundlage für Anlagen und Güter gewesen sein – vom „objektiven" Wert der Arbeitswertlehre der Planwirtschaft zur subjektiven Wertlehre der Marktwirtschaft. Wurden Preise bis dahin anhand von Plänen festgelegt, wurden sie nun auf Märkten bestimmt: Eine Ware hat den Wert, den jemand zu zahlen bereit ist.

Das hatte für die Regionen und Unternehmen einschneidende Folgen: Mit der Abwicklung der DDR-Wirtschaft wurde so aus einem „objektiven" Volksvermögen von 1,2 Billionen DDR-Mark ein Defizit von mehreren hundert Milliarden DM. In Ostdeutschland wurde das fast ausschließlich als Ausverkauf der DDR durch die westdeutsch geprägte Treuhand interpretiert (Wenzel 2001; Baale 2008). Das ignoriert allerdings, dass es in der Marktwirtschaft keine „objektiven" Preise gibt – man streng genommen also nicht von einer Abwertung sprechen kann. Ob der optimale Preis für die DDR-Wirtschaft erreicht wurde, darf allerdings ebenfalls bezweifelt werden. (vgl. Kapitel 4)

Unabhängig ob es sich nun um eine Um- oder Abwertung handelte, hatten die Ex-DDR-Bürger nach der Wiedervereinigung deutlich weniger ökonomisches Kapital als die BRD-Bürger. 1993 verfügten die privaten Haushalte im Osten durchschnittlich über 37 900 Euro Nettogesamtvermögen – die Westdeutschen über 124 600 Euro (Ragnitz et al 1010: 26). Das lässt sich allerdings nicht nur mit der Umbewertung begründen, sondern auch mit der Planwirtschaft, die zum einen größere Privatvermögen nicht vorsah und zum anderen jahrzehntelang ihre Ressourcen weniger effektiv eingesetzt hatte als das marktwirtschaftliche Pendant.

Einen ähnlichen Abwertungsprozess erlebten die DDR-Bürger auch bei den anderen Kapitalsorten. Kulturelles Kapital wurde massiv um- und entwertet. In der Marktwirtschaft wurden anderes Wissen und andere Fähigkeiten benötigt. Nicht nur die auf Sozialismus ausgerichtete Schulbildung wurde damit zum Teil wertlos, auch viele Ausbildungsberufe und Fähigkeiten waren nicht mehr gefragt. Neben dem Extrembeispiel des Lehrers für Marxismus-Leninismus seien hier nur Verwaltungsbeamte, Journalisten oder Buchhalter genannt – deren Job sich weitgehend änderte. Hinzukam, dass bisher symbolisch hoch bewertete Titel wie Parteiränge im Zweifelsfall nun sogar zum Hindernis für die künftige Karriere wurden. Beim sozialen Kapital zählten plötzlich ganz andere Kontakte.

7.2 Die Kultur der Abwertung

Die Kapitalschwäche der Ostdeutschen war eine der Hauptursachen für die stark negativ konnotierte Debatte über den Rückstand Ostdeutschlands – und gleichzeitig deren Folge. Den entscheidenden Anstoß bekam die Kultur der Abwertung bereits mit der Wende, die von beiden Seiten als eine Entscheidung in der Systemfrage erlebt wurde (Schroeder 2010). Weil die ostdeutsche Elite als von der DDR-Diktatur vorgeprägt galt, wurde die Wiedervereinigungsdebatte im politischen Feld sehr stark von westdeutschen Eliten und Ideen geprägt. Allem Ostdeutschen haftete der Makel des Sozialistischen an. Es kam also in der entscheidenden Phase der Wiedervereinigung zu stark westdeutsch geprägten Entscheidungen und damit zu einem weitgehenden Institutionen-Transfer von West nach Ost.

Diese negative Konnotierung des Begriffes „ostdeutsch" im politischen Feld wurde von Prozessen im Wirtschaftsfeld gestützt. Während die im Osten bisher kaum erreichbaren und damit besonders wertvoll erscheinenden Westwaren symbolisch hoch im Kurs standen, wurden die altbekannten Ostwaren symbolisch abgewertet: Ein kleiner BRD-Volkswagen erschien den neuen Bundesbürgern nun attraktiver als der große DDR-Wartburg. Weil die DDR-Waren auch im Westen – teils wegen ihrer tatsächlichen technologischen Unterlegenheit, teils wegen ihrer schlechteren Vermarktung – oft nicht einmal angeboten, geschweige denn verkauft wurden, kam es zu einem massiven Nachfrageeinbruch bei DDR-Waren. Deren Produzenten hatten wegen des fehlenden Kapitals kaum Möglichkeiten, neue Märkte zu erschließen – nicht zuletzt auch wegen des politisch oktroyierten Lohnanstiegs. (vgl. Kapitel 4)

Die Folgen waren eine beispiellose Pleitewelle, Massenentlassungen und damit ein immenser Anstieg der Arbeitslosigkeit. In den ersten Jahren nach der Wiedervereinigung verloren 80 Prozent der erwerbstätigen Bevölkerung im Osten vorübergehend oder auf Dauer ihre Arbeit (Windolf 2001), die Zahl der Erwerbstätigen sank in fünf Jahren um mehr als ein Drittel (Behr 2009b). Im Zuge des Verkaufs durch die Treuhand wurden 3700 Betriebe stillgelegt (Roesler 2003). Die symbolische Abwertung bewahrheitete sich also: Offenbar waren die ostdeutschen Betriebe tatsächlich minderwertiger als ihre westdeutschen Pendants.

7.3 Der Habitus der Bescheidenheit

Da der Habitus sich im Normalfall dadurch auszeichnet, dass er perfekt an die soziale Struktur angepasst ist und damit Lösungsmuster für typische Probleme bietet, gerät er bei einer Änderung der Strukturen in die Krise (Bourdieu 1982: 238ff; Bourdieu 1985b: 116ff; siehe auch: Bonz 16ff; Barlösius 2006: 84ff). Mit der radikalen Umbewertung der Kapitalsorten und dem weitgehenden Institutionentransfer von West nach Ost passten die habitualisierten Lösungsmuster der Ostdeutschen nicht mehr zu der neuen gesellschaftlichen Struktur. Ob Behör-

dengänge, Abschluss von Versicherungen oder Anmeldung zum Kindergarten –
in nahezu allen gesellschaftlichen Teilbereichen änderten sich die Abläufe.
In solchen Situationen kommt es laut Bourdieu zu zwei Effekten. Der Hysteresis-Effekt[42] sorgt dafür, dass der bestehende Habitus sich nur recht träge an
die geänderten Strukturen anpasst. Der neuen Situation wird also mit den alten
Wahrnehmungs-, Denk- und Handlungsmustern begegnet: Die Akteure handeln
„unzeitgemäß und unsinnig" (Bourdieu 1992: 164) Darauf folgt ein zweiter Effekt: die „Gespaltenheit des Habitus". Die neue Situation wird als Elend erfahren.

Bourdieu untersucht diese Effekte an zwei prominenten Stellen. In „Die feinen Unterschiede" analysiert er die Anpassungsstrategien der verschiedenen sozialen Gruppen an die Bildungsexpansion und die damit einhergehende Inflation
von Titeln in Frankreich (Bourdieu 1982: 210ff). Diese Analyse scheint allerdings mit unserer Ausgangssituation nur schwer zu vergleichen zu sein, da es
sich in Frankreich um einen recht langsamen Prozess handelte – und nicht um
eine plötzliche Umbewertung wie bei der Wiedervereinigung.

Daneben betrachtet Bourdieu in seinen Studien über Algerien die Anpassung der Bauern an die Werte des Kapitalismus (Bourdieu 2000). Grundsätzli-
ches Ergebnis dieser Untersuchung war Bourdieus Überzeugung, dass der
Mensch nicht per se ökonomisch-rationaler Akteur – Homo oeconomicus – ist,
sondern dass diese Art der Rationalität ein habituelles Lösungsmuster besonderer
historischer Umstände ist (ebd: 7ff). Im Fokus von Bourdieus Algerien-Studie
steht die Frage, wie sich der radikale strukturelle Wandel auf die Welt der Bauern und deren Leben auswirkt. Dabei interessiert ihn vor allem das Leiden und
das persönliche Unglücklichsein der Bauern. Er entwickelt hier die These, dass
es bei Arbeit um mehr als „einfachen Broterwerb" geht, „weil bei ihr wirtschaftliche Not mit einer wirtschaftlichen Beschneidung und Verletzung einhergehen."
(ebd: 73) Dass es in Ostdeutschland zu ähnlichen Prozessen gekommen ist, ist
bekannt (Behr 2009c).

Pessimistisch zeigt sich Bourdieu allerdings bei der für uns interessanten
Frage, wie aus diesen Gefühlen der persönlichen Verletzung eine neue kollektive
Identität (bei ihm in diesem Fall Klassenbewusstsein) werden kann. Dies sei nur
möglich, wenn „die gegebene Ordnung die Virtualität ihres eigenen Verschwin-
dens in sich einschließt und dementsprechend Menschen hervorbringt, die in der
Lage sind, dieses Bewusstsein zu erwerben" (Bourdieu 2000: 142), formuliert er
nebulös.

Damit geraten wir an eine Erklärungsgrenze der Bourdieuschen Theorie für
unser Problem. Tatsächlich entstand in Ostdeutschland einige Jahre nach der
Wiedervereinigung eine neue kollektive Identität – in der Rückbesinnung auf ein

---

[42] Vom griechischen hysteros = hinterher, später

idealisiertes Bild der DDR. Zuvor hatte es eine Annäherung an die westdeutschen Wertemuster gegeben. Unmittelbar nach der Wiedervereinigung identifizierten sich die Ostdeutschen deutlich stärker mit Gesamtdeutschland als mit ihrer Herkunftsregion. Danach stieg die regionale Identifikation jedoch wieder deutlich an (Becker et al. 2010: 118ff; Köcher 2009: 67). Parallel dazu zeigte sich erst eine Annäherung an den westdeutschen Wertekanon und dann wieder eine Entfernung (Schroeder 2010: 182). Der Leiter des SED-Forschungsverbundes, Klaus Schroeder, spricht von einer ostdeutschen „Abgrenzungsidentität", die „eine Trotzreaktion auf die Modalitäten des Wiedervereinigungsprozesses" (Schroeder 2010: 10) sei.

Was heißt das für unsere Theorie? Bourdieu könnte den Habitus der Bescheidenheit zwar als Fortbestand des ostdeutschen Habitus erklären, nicht aber adäquat, warum es in der Krise gerade zu einer Rückbesinnung und einer symbolischen Überhöhung der mit der DDR verbundenen Tugenden kommt. Hier bietet sich meines Erachtens der Rückgriff auf einen Bourdieu-Kritiker an – den Frankfurter Philosophen Axel Honneth.

Wie Bourdieu interessiert sich Honneth für die Entstehung von allgemein verbindlichen kulturellen Orientierungsrahmen – die bei ihm unter dem Begriff Moral firmieren. Auch bei ihm entsteht dieses symbolische System in der Auseinandersetzung verschiedener Gruppen der Gesellschaft, die versuchen, ihre Sicht auf die Welt als allgemein verbindliche durchzusetzen. (Bourdieu 1992: 36ff)

Honneth wirft Bourdieu vor, die Kämpfe um die symbolische (oder moralische) Hoheit zu sehr aus einer ökonomischen Perspektive der Nutzenmaximierung zu sehen (Honneth 1990). Er argumentiert, es müsse stärker zwischen der Logik von Verteilungskämpfen und einem normativ praktischem Kampf unterschieden werden, indem die Akteure um die normative Akzeptanz einer Lebensordnung ringen. In den symbolischen Kämpfen gehe es nicht um Nutzenmaximierung, sondern um Anerkennung.

Die Grundlagen seiner Theorie der Anerkennung übernimmt Honneth von Georg Wilhelm Friedrich Hegel und George Herbert Mead: Das Individuum muss sich durch andere anerkannt wissen, um in dieser Bestätigung zu einem intakten Verhältnis zu sich selbst zu kommen, ist die zentrale These. Fühlt sich der Akteur nicht anerkannt, kommt es zu einer persönlichen Verletzung – die unter den richtigen Umweltbedingungen zu der Ausbildung einer kollektiven Identität[43] und damit zur Keimzelle eines sozialen Kampfes[44] werden kann (Honneth

---

[43] Die Theorie Honneths hat eine gewisse Verwandtschaft zu der in der Sozialpsychologie recht populären Theorie der sozialen Identität von Tajfel und Turner (1979). Hier wäre unter Umständen ein interessanter Ansatz für eine interdisziplinäre Diskussion.
[44] Sozialen Kampf definiert Honneth als „praktischen Prozess, in dem individuelle Erfahrungen von Missachtung in einer Weise als typische Schlüsselerlebnisse einer ganzen Gruppe gedeutet werden, dass sie als handlungsleitende Motive in die kollektive Forderung nach erweiterten Anerkennungsbe-

1990). Die gegenseitige Anerkennung bildet also ein zentrales Band der Solidarität in modernen Gesellschaften, während die verweigerte Anerkennung den Sprengstoff für soziale Konflikte liefert.

Honneth unterscheidet drei Arten von Anerkennung, die für ihn die drei Interaktionssphären des sozialen Lebens und damit auch die drei Formen der sozialen Integration ausmachen (Honneth 1992: 152): Liebe, Recht und Moral. Unter Liebe versteht Honneth die emotionale Bindung von Individuen, in der sich diese prinzipiell gegenseitig als andere, autonome Wesen mit je eigenen Ansprüchen anerkennen (ebd.: 153ff). Diese emotionale Zuwendung kann durch Misshandlungen verletzt werden und führt meist zu einem dramatischen Zusammenbruch des Vertrauens in die Zuverlässigkeit der sozialen Welt und damit der eigenen Selbstsicherheit. (ebd.: 214f). Für unsere Überlegungen spielt diese Anerkennungsform allerdings keine Rolle, weil sie sich aus primären Sozialbeziehungen speist, die von der Wende nur in geringem Maß beeinflusst waren.

Die zweite Form der Anerkennung ist das Recht (ebd.: 174ff). Individuen erkennen sich hier gegenseitig als Träger von Rechten an – ohne sich tatsächlich in ihren Leistungen oder im Charakter schätzen zu müssen. Diese kognitive Achtung kann dadurch verletzt werden, dass Individuen von bestimmten Rechten strukturell ausgeschlossen werden und sich nicht mehr als vollwertige, gleichberechtigte Interaktionspartner fühlen (Honneth 1992: 215f). Die Folge ist ein Verlust der Selbstachtung. Auch sie spielt für unsere Überlegungen eine untergeordnete Rolle – da Ostdeutsche formalrechtlich gleichberechtigt sind.[45]

Die letzte Form der Anerkennung ist schließlich die Moral (ebd.: 196ff): Individuen erkennen sich gegenseitig als in ihren Fähigkeiten und Leistungen wertvoll für das gemeinsame Leben an. Während es beim Recht um allgemeine Eigenschaften aller Personen geht, fokussiert die Moral auf die persönliche Leistung jedes Einzelnen. Diese soziale Wertschätzung, die zu einer Solidarität untereinander führt, setzt einen geteilten Wertehorizont voraus. Wie bei Bourdieu die Welt des Symbolischen ist auch bei Honneth dieses kulturelle Selbstverständnis einer Gesellschaft ein „symbolisch artikulierter, stets aber offener und poröser Orientierungsrahmen" (ebd.: 197). Welches Maß an Wertschätzung der Einzelne für seine Leistungen genießt, ist also Ergebnis einer ständigen Auseinandersetzung um die scheinbar neutrale Idee der Leistung (ebd: 203). In diesem „kulturellen Dauerkonflikt" (ebd: 205) geht es darum, welche Gruppen in der Lage

---

ziehungen einfließen können" (1992: 260) Dabei sei nicht entscheidend, in welche Maße sich die Akteure über die moralischen Antriebsmotive ihres Handelns bewusst sind.

[45] Man könnte an dieser Stelle angesichts der Wahrnehmung der Ostdeutschen auch anders argumentieren. 46 Prozent der Ostdeutschen haben den Eindruck, keinen Einfluss auf wichtige, politische Entscheidungen zu haben (Köcher 2009: 52). Es zeigt sich also, dass in der Wahrnehmung die fehlende Anerkennung durchaus auf andere Ebenen der Anerkennung übergreifen kann.

sind, die eigenen Leistungen und Lebensformen in Hinblick auf die allgemein geteilten gesellschaftlichen Zielvorstellungen als besonders wertvoll auszulegen. Ist die Werthierarchie einer Gesellschaft so beschaffen, dass sie „einzelne Lebensformen und Überzeugungen als minderwertig oder mangelhaft herabstuft, dann nimmt sie den betroffenen Subjekten jede Möglichkeit, ihren eigenen Fähigkeiten einen sozialen Wert beizumessen." (Honneth 1992: 217) Die Folge dieses Entzuges der Zustimmung zu der eigenen Form der Selbstverwirklichung sei ein Verlust an persönlicher Selbstschätzung, argumentiert Honneth. Wenn aus diesen individuellen Erfahrungen der Missachtung eine „kollektive Semantik [entsteht], die die persönlichen Enttäuschungserfahrungen als etwas zu interpretieren erlaubt, wovon nicht nur das individuelle Ich, sondern ein Kreis von vielen anderen Subjekten ebenfalls betroffen ist" (ebd. 262), sei die Ausbildung einer kollektiven Identität möglich.

Wie können wir damit nun an unser Problem herangehen? Mit der symbolischen Abwertung verweigern die Westdeutschen dem Osten die soziale Wertschätzung, so die Idee. Parallel zum Institutionensystem versuchte der Westen dem Osten seine Wertvorstellungen aufzudrücken. Im sozialen Kampf um den Wert der Lebensstile fehlte es den Ostakteuren – wie bereits erläutert – an symbolischem Kapital, um den Wert ihres Lebensstils zu behaupten. Der Psychoanalytiker Hans-Joachim Maatz, der in seinem Buch „Der Gefühlsstau. Ein Psychogramm der DDR" über seine Erfahrungen mit psychiatrischen Störungen in der DDR berichtet, kann hier als Zeuge und vielleicht idealtypischer Rezipient der Wendeerfahrung zitiert werden: „Ihr braucht ja nur unsere Lebensart zu übernehmen, dann wird schon alles gut werden, wurde uns häufig onkelhaft erklärt", schreibt er (Maaz 1991: 178).

Faktisch hatte das zur Folge, dass die Ostdeutschen mit der Wiedervereinigung zwar als rechtlich gleichwertige Partner akzeptiert wurden – nicht aber als gleichwertig in ihrem sozialen Wert für die Gesellschaft. Zwar gab es ein gemeinsames Recht, aber kein gemeinsames Wertebezugssystem – wodurch auch das verbindende Band der Solidarität nicht entstehen konnte.

Bewegen wir uns im Argumentationsrahmen von Bourdieu, musste diese Vorgehensweise – also eine Anpassung an die westlichen Werte über den oktroyierten Institutionentransfer – zwangsläufig scheitern, weil der Hysteresis-Effekt eine schnelle Anpassung verhindert. Maaz beschreibt seine Erfahrung so:

> „Auf starre Anpassung gedrillt, sollten wir jetzt flexible Veränderungsfähigkeit zeigen. Zu Unfreiheit genötigt, sollten wir jetzt Freiheit ausfüllen und genießen." (Maaz: 181)

Hinzu kam, dass – wie bereits erläutert – ein Teil des Kapitals der Ostdeutschen weder faktisch noch symbolisch im neuen Wirtschaftssystem etwas wert war. Was dann passierte, hat Maaz bereits 1991 vorhergesagt:

„Das chronische Minderwertigkeitsgefühl war schon längst vorhanden, aber jetzt wird es akut. Alle bisherigen Werte sind verloren oder stehen auf dem Kopf. Was zählen noch die mühsam angeschafften materiellen Werte, wer will noch unsere Waren, was zählt unser Abitur, und was die Ausbildung und Berufserfahrung?" (Maaz: 181)

Bis heute ist die fehlende Anerkennung offenbar ein Problem, das viele Ostdeutsche beschäftigt: 2008 gaben in einer Umfrage fast dreiviertel der Ostdeutschen an, die Westdeutschen hätten zu wenig Verständnis für die Situation des Ostens und würden ihre Leistungen zu wenig würdigen (Heitmeyer 2010: 29). Jeder dritte Ostdeutsche sieht in der Wiedervereinigung eine Kolonialisierung der DDR, 42 Prozent fühlen sich als Bürger zweiter Klasse und 46 Prozent haben den Eindruck, dass Ostdeutsche keinen Einfluss auf die wichtigen politischen Entscheidungen haben (Köcher 2009: 52). Kurzum: Westdeutsche fühlen sich immer noch als Sieger im Kampf der Systeme, Ostdeutsche als Verlierer. „Ein dominanter Sieger steht hiernach einem trotzigen Verlierer gegenüber", fasst Schroeder das Verhältnis der beiden Landesteile zusammen (Schroeder 2010: 54).

Die von Honneth vorgesehene semantische Brücke der individuellen zur kollektiven Leiderfahrung stellt meiner These nach die gemeinsame Vergangenheit dar: Ostalgie. Die Distinktion des ostdeutschen Habitus erfolgte also anhand einer historisch geprägten Linie, die schon immer im symbolischen System beider deutscher Staaten verankert war: Der kalte, kapitalistisch und auf Nutzenmaximierung geprägte Westen auf der einen Seite, der auf sozialen Zusammenhalt, Gleichheit und Bescheidenheit aufbauende Osten auf der anderen Seite. Maaz beschreibt diese bereits zu DDR-Zeiten bestehenden Überspitzungen zwischen Ost und West so:

„Hier entwickelte sich die typische Gehemmtheit mit weit verbreiteter Depressivität und Apathie oder die zwangsneurotische Anstrengung für Prämien, Orden und Privilegien, die das System propagandistisch anheizte. Dort war eher die hysterische Produktivität zugange, ein destruktiver Expansionismus der Wirtschaft, eine egozentrische Ellenbogenmentalität, ein Kult der Stärke, der Jugendfrische und Dynamik. Hier sollte sich das Ich im Kollektiv aufgeben, dort sollte das geputzte und narzisstisch gestylte Ich die kollektive Not vergessen machen." (Maaz: 175)

Auf dieser Grundlage entwickelte sich eine neue ostdeutsche Identität, die allerdings nicht bruchlos an die DDR-Identität anknüpfte. Vielmehr sei die Idee des Sozialismus zum Bezugspunkt genommen worden, um die eigene Biografie zu retten und sich wenigstens als moralisch überlegen zu sehen, schreibt Schroeder (Schroeder 2010: 63). Tatsächlich wurden die positiven Seiten der DDR immer mehr herausgestellt und die negativen verschwiegen. Gaben 1992 noch 54 Prozent der Ostdeutschen an, sich in der DDR unfrei und gefangen gefühlt zu haben, waren es 2009 nur noch 37 Prozent (Köcher 2009: 49). Hielten 1990 noch 75

Prozent der Ostdeutschen die Verhältnisse in der DDR für unerträglich, waren es 2010 nur noch 45 Prozent. Rund 57 Prozent der Ostdeutschen erklären inzwischen, die DDR habe mehr gute als schlechte Seiten gehabt. (Schroeder 2010: 68ff).

Die Ausprägung einer ostdeutsche Identität sei offenbar eine „Abgrenzung gegenüber dem Westen und eine Form von Selbstbehauptung" (ebd. 63), schreibt Schroeder. Der real existierende Sozialismus wurde dabei in seiner Idealisierung zum „gescheiterten Versuch einer gerechten Gesellschaft" (ebd.: 69): „Die DDR, die in den Augen vieler Ostdeutscher heute positiv dasteht, ist nicht die reale, sondern eine im Nachhinein konstruierte und auf ihre soziale Dimensionen reduzierte." (ebd. 84) Die soziale Seite der DDR sei historisch mitnichten Folge eines besseren Gesellschaftsideals gewesen, sondern Ergebnis des alltäglichen Mangels und der Repression: Um an begehrte Waren zu kommen, mussten die Ostdeutschen informelle Tausch- und nachbarschaftliche Arbeitsbeziehungen eingehen (Schroeder 2010: 38; 46). Hinzu kam eine vom Staat idealisierte „sozialistische Lebensweise", sich dem Kollektiv unterzuordnen und dem Sozialismus zu dienen (ebd.: 39).

Diese DDR-Werte wirken – wohl teils als träge habituelle Verhaltensmuster, teils als in Abgrenzung vom Westen entstandene soziale Ideale – weiter. Rund 72 Prozent der Ostdeutschen beschreiben ihre ostdeutschen Landsleute als bescheiden, 71 Prozent als zurückhaltend – es folgen die Eigenschaften hilfsbereit (61 Prozent) und erfinderisch (57 Prozent). Keine einzige Charaktereigenschaft erreicht bei der Selbstbeschreibung der Westdeutschen annähernd hohe Werte. (Köcher 2009: 67) Es gibt offenbar also im pluralistischen Westen kein ähnlich einheitliches Selbstbild.

7.4 Ein selbstverstärkender Prozess

Der Habitus der Bescheidenheit und die Kultur der Abwertung sind Produkte der ersten Jahre nach der Wiedervereinigung. Doch warum bestehen sie auch zwanzig Jahre später noch? Warum bauen sich weder die Vorurteile noch die wirtschaftliche Schwäche der neuen Bundesländer ab? Weil es eine Reihe von Prozessen gibt, die dafür sorgen, dass sich ökonomische und moralische Teilung ständig reproduzieren, so meine These. Im Folgenden möchte ich einige dieser Prozesse aufzeigen. Dabei handelt es sich zunächst um eine erste Annäherung ohne Anspruch auf systematische Vollständigkeit.

Wir unterscheiden im Folgenden zwischen der ökonomischen Ebene, auf der sich die Trennung von kapitalstarken und kapitalschwachen Akteuren reproduziert; und der symbolischen Ebene, wo mit der gegenseitigen Bestätigung von Habitus der Bescheidenheit und Kultur der Abwertung die moralische Trennung aufrecht erhalten wird. Darüber hinaus gibt es zwischen den beiden Ebenen Wechselwirkungen, welche die doppelte Teilung ebenfalls bestätigen und verstärken.

Ökonomische Ebene: Der Attraktivitätsteufelskreis

Auf der ökonomischen Ebene beobachten wir die permanente Reproduktion der Trennung Deutschlands in die kapitalstarken Akteure im Westen und die kapitalschwachen im Osten (siehe Abb. 4). Die neuen Bundesländer bleiben eine 75-Prozent-Ökonomie, die eng mit dem starken Partner verbunden ist: Der Osten generiert für den Westen gut ausgebildete Fachkräfte, günstige, kundenspezifische Innovationen und dient als kulturell ähnliche, aber flexible verlängerte Werkbank.

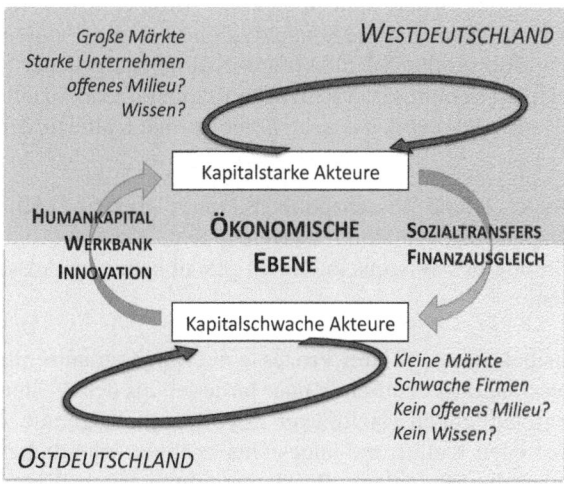

Abb. 4: Ein stabiles Ungleichgewicht (eigene Darstellung)

Im Gegenzug für dieses flexible Hinterland zahlt der Westen finanzielle Transfers. (Behr 2010b) Mit den Transfers erhält der Westen eine Minimal-Attraktivität der Ostregionen und verhindert eine passive Sanierung – auf der anderen Seite brandmarkt er die Unterstützten als hilfebedürftig.

Wieso ist das so? Diese Frage haben wir im ersten Teil dieser Arbeit bereits aus ökonomischer Perspektive diskutiert. Dabei haben wir zwei Argumentationsstränge gesehen: Zum einen wurden Strukturmerkmale der Unternehmen als Gründe für den Rückstand identifiziert, zum anderen Eigenschaften der Regionen. Welche Prozesse erhalten die Teilung auf ökonomischer Ebene?

Die Regionalökonomik beschreibt – wie wir in Kapitel 2 gesehen haben – drei Selbstverstärkungsprozesse, die zu einer pfadabhängigen Entwicklung von Regionen führen und so ökonomische Divergenz erklären können.

a) *Marktgröße*
Unternehmen siedeln sich dort an, wo die Verbraucher sind. Verbraucher leben als Arbeitnehmer bevorzugt dort, wo die Unternehmen sind. Das kann dazu führen, dass sich aus einem kleinen Unterschied zwischen Regionen durch einen Zirkel der Selbstverstärkung große unterschiedliche Leistungsfähigkeit entwickelt. (Krugman 1991)

b) *Kultur*
Verstärkt wird diese Entwicklung noch durch die größer werdende Bedeutung von Kultur: Kreative Arbeitnehmer bevorzugen kreative Umgebungen. Sie legen Wert auf offene und anregende Milieus sowie Kultur. (Florida 2002) Weil es in dünner besiedelten Regionen weniger potenzielle Kulturkonsumenten gibt, wird das Kollektivgut Kultur von privater Seite nicht bereitgestellt. Hinzu kommt, dass schwache Regionen tendenziell auch kleinere öffentliche Haushalte und damit auch keine üppige Kulturförderung haben.

c) *Wissen*
Spezialisierte, regionale Wissenspools mit einer lebendigen Kooperationskultur und informellen Kontakten zwischen den Akteuren führen dank der Selbstverstärkung des Wissens zu einem pfadabhängigen Auseinanderdriften von Regionen.

Es scheint plausibel, dass alle drei Prozesse auch in Ostdeutschland eine Rolle spielen. Ostdeutschland ist deutlich dünner besiedelt als der Westen. Die deutlich höhere Fremdenfeindlichkeit (Heitmeyer 2010) ist nicht gerade Ausweis einer toleranten und offenen Kultur und angesichts knapper öffentlicher Kassen steht auch Kultur oft auf der Streichliste. Bei den regionalisierten Wissenspools könnte man argumentieren, dass durch die schwächeren Unternehmen im Osten auch die Wissenspools kleiner sind. Zudem haben sehr viele gut ausgebildete Arbeitnehmer die Region verlassen.

Es ist allerdings festzuhalten, dass die Argumente schwierig auf Ostdeutschland als Ganzes angewendet werden können. Weil es zwischen den ostdeutschen Teilregionen deutliche Unterschiede gibt, dürften alle drei Prozesse je nach Region unterschiedlich stark zutage treten. Plausibeler ist, dass diese Probleme genauso gut auch in schwachen westdeutschen Regionen auftreten und sich hier keine spezifischen Ost-West-Unterschiede finden.

Ökonomische Ebene II: Die Last des Fliegengewichts

Neben den Eigenschaften der Region haben wir in Kapitel 3 gesehen, dass die Kapitalschwäche der Unternehmen offenbar einen Einfluss auf den wirtschaftlichen Erfolg hat. Im Durchschnitt sind ostdeutsche Unternehmen sehr viel kleiner als ihre westdeutschen Pendants. Deswegen haben sie – wie wir bereits gesehen haben – vor allem mit drei Schwierigkeiten zu kämpfen:

a) Die kapitalschwachen Unternehmen müssen per Definition mit sehr viel knapperen Budgets haushalten. Sie können also weniger in gutes Personal investieren, weniger Marketing betreiben und weniger forschen. Die Folge ist im Durchschnitt eine geringere Produktivität und eine schlechtere Marktposition.

b) Betriebswirtschaftlich gesehen profitieren kleinere Unternehmen weniger von Skaleneffekten, was wiederum auch eine geringere Produktivität und damit weniger Rendite und eine Reproduktion der unvorteilhaften Größe zur Folge hat.

c) Kleine Unternehmen geraten im Vergleich zu größeren Konkurrenten schneller an organisatorische und personelle Grenzen, weil Abläufe und Verantwortlichkeiten meist stark auf einzelne Personen zugeschnitten sind.

Die geringe Größe reproduziert sich also permanent im Marktprozess, weil schwächere Unternehmen tendenziell eine schlechtere Position im Wettbewerb haben und damit kleinere Chancen, Gewinne zu generieren. In Befragungen von Behr (2010) beklagen die ostdeutschen Unternehmen, dass sie durch ihre Abhängigkeit von großen und meist westdeutschen Akteuren nicht in der Lage sind, größere Gewinne zu erwirtschaften – da die Profite im Zweifelsfall durch Marktdruck von den Abnehmern einbehalten werden. Auch hier ist allerdings festzuhalten, dass es sich um kein genuin ostdeutsches Problem handelt: Kleine Zulieferer gibt es auch im Westen. Wir wollen nun die Prozesse anschauen, die genuin den Ost-West-Rückstand in Deutschland moderieren. Dazu betrachte ich wieder die symbolische Ebenen von Habitus der Bescheidenheit und Kultur der Abwertung. Wie reproduziert sich die Trennung auf dieser Ebene?

Symbolische Ebene I: Die westdeutsche Medienmacht

Wie wir gesehen haben, entstand bereits in den ersten Jahren nach der Wiedervereinigung eine symbolische Abwertung der Ostdeutschen, die den Begriff „ostdeutsch" negativ konnotierte. Wie aber konnten sich diese Vorurteile so lange halten? Dabei stellt sich vor allem ein Rätsel: Die Vorurteile zwischen West und Ost scheinen sich – der dominanten Vorstellung in der Sozialpsychologie folgend[46] – bei Kontakt abzubauen. So geben in Befragungen die Mehrheit der Ost- und Westdeutschen an, ihre Vorurteile hätten sich nicht bestätigt, wenn sie Kontakt mit Menschen aus dem anderen Landesteil hatten (Köcher 2009: 65). Wie kommt es dennoch zu der Reproduktion der symbolischen Abwertung? Für Bourdieu liegt die Antwort im Mediensystem. Sie sind für ihn – in gewohnt kritischer Manier – das entscheidende „Mittel symbolischer Unterdrückung" (Bourdieu 1998c: 13). Die Logik des Mediensystems auf der ständigen Suche nach dem Neuen beschreibt er folgendermaßen:

> „Journalisten tragen eine spezielle `Brille´, mit der sie bestimmte Dinge sehen, ande-
> re nicht, und mit der sie die Dinge, die sie sehen, auf bestimmte Weise sehen. Sie
> treffen eine Auswahl, und aus dem, was sie ausgewählt haben, errichten sie ein
> Konstrukt. Das Auswahlprinzip ist die Suche nach dem Sensationellen, nach dem
> Spektakulären. (...) Was Journalisten interessiert, ist, grob gesagt, das Ungewöhnli-
> che, d.h., was für sie ungewöhnlich ist." (ebd. 25f)

Aber warum sollten sie ein vorurteilbehaftetes Bild des Ostens vermitteln? Zunächst muss man dafür wissen, dass die wichtigen deutschen Medien geschlossen im Westen angesiedelt sind. Auch die Mehrzahl der verantwortlichen Redakteure dürfte in den alten Bundesländern habituell geprägt worden sein. Hinzu kommt: Wenn Journalisten Themen auswählen, stehen sie immer unter dem Zwang, ihr Produkt verkaufen zu müssen (1998c: 22). Sie fragen sich also: Was kommt gut an? Was verkauft sich? Wie lässt sich das kurz und einfach darstellen? (ebd: 109) Das Schlimmste, was ihnen passieren kann, ist das Publikum zu langweilen oder zu enttäuschen.

Daher neigen Journalisten dazu, ihr Publikum (ebd. 64ff) – in diesem Fall überwiegend westdeutsch – und ihre Konkurrenz (ebd. 30ff) – ebenfalls in überwältigender Mehrzahl westdeutsch – sehr genau zu beobachten. Bourdieu nennt diesen Prozess die „zirkuläre Zirkulation der Nachricht" (ebd. 30): Durch die gegenseitige Bespiegelung uniformiert sich das Angebot und passt sich immer weiter genau den Erwartungen des Publikums an. Das hat für den Osten gravierende Konsequenzen: Es kommt zu einer ständigen Reproduktion der einmal vorhandenen Sichtweise. Und das nicht nur in den Medien, wie er schreibt, denn die Medien entscheiden „zunehmend darüber, wer und was sozial und politisch existiert." (ebd. 28)

Empirisch bestätigt sich die Vermutung. Die tonangebenden westdeutschen Medien zeichnen ein von Vorurteilen durchsetztes Bild des Ostens (Ahbe et al. 2009). So kommt Christian Kolmer in einer Analyse der deutschen Medienbe-

---

[46] Die in der Sozialpsychologie prominente Kontakthypothese geht davon aus, dass sich die Vorurteile zwischen Mitgliedern unterschiedlicher sozialer Gruppen abbauen, wenn sie unter günstigen Bedingungen Kontakt haben (Jonas et al. 2007: 520).

richterstattung über Ostdeutschland zu dem Ergebnis, dass die führenden Medien selten über den Osten berichten, vergleichsweise wenige Facetten ansprechen und negative Aspekte in den Vordergrund stellen (Kolmer 2009). War Ostdeutschland 1995 noch in 7,5 Prozent der Berichte in deutschen Tageszeitungen ein Thema, waren es 2007 nur noch 4,9 Prozent (ebd: 211). Ostdeutschland sei aus der politischen Diskussion weitgehend verschwunden und komme in der Wirtschaftsberichterstattung praktisch nicht vor, analysiert Kolmer. Gleichzeitig spielen bei der Berichterstattung des Fernsehens über den Osten Unfälle und Verbrechen eine immer größere Rolle. Vor allem über negativ konnotierte Ketten von Einzelereignissen – beispielsweise Kindermorde oder rechte Gewalt – werde berichtet, resümiert Kolmer. Damit verstärke die westdeutsche Presse die bestehenden Vorstellungen und Einstellungen über „den Osten" (ebd: 212).

Trotz der offenbar positiven Wirkung von persönlichen Kontakten reproduziert sich also durch die stark einseitige mediale Berichterstattung die symbolische Abwertung des Ostens – und damit die Selbstverstärkung zwischen Abwertung und Habitus der Bescheidenheit (siehe Abb. 5): Die bestehenden Vorurteile der Westdeutschen werden bestätigt. Die Ostdeutschen werden durch diese permanente Vorspiegelung ihrer eigenen Minderwertigkeit in ihrem trotzigen Habitus der Bescheidenheit verstärkt.

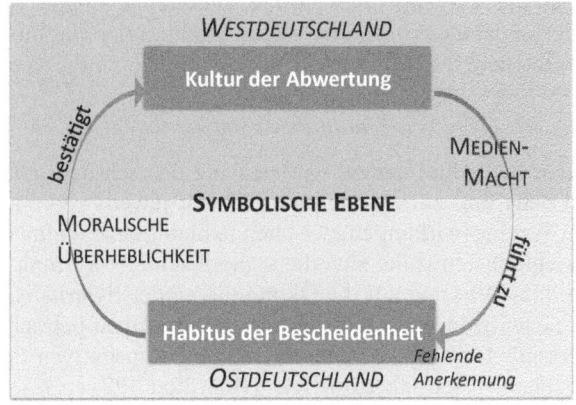

Abb. 5: Symbolische Ebene (eigene Darstellung)

Symbolische Ebene II: Moralische Überheblichkeit

Die ständige Vorspiegelung der eigenen Minderwertigkeit führt – wie wir bereits gesehen haben – bei vielen Ostdeutschen zu einer Art Trotzreaktion: dem Habitus der Bescheidenheit als moralisch überhöhtes Leitbild in Abgrenzung zum Westen. Sozial, freundlich, bescheiden – mit diesem verklärten Bild feiert die

DDR in der Nachwendezeit eine Wiederauferstehung. Für viele Ostdeutsche ist
dieser Rückbezug auf die traditionalen Eigenschaften der Gemeinschaft, wie erläutert, offenbar eine Abgrenzung zu dem modernen, kapitalistischen und leis-
tungsorientierten Gesellschaftsideal des Westens – indem sie sich selbst nicht
anerkannt fühlen.

Diese Abgrenzung trägt aber Züge einer *moralischen Überheblichkeit* in
sich (Schroeder 2010: 63). So gesteht der Großteil der Ostdeutschen nicht nur
der eigenen Gruppe äußerst positive Eigenschaften – wie gesehen: Bescheidenheit, Zurückhaltung, Hilfsbereitschaft und Erfindergeist – zu, sondern beschreibt
gleichzeitig die westdeutschen Mitbürgern mit äußerst negativen Charakterzü-
gen. 79 Prozent der Ostdeutschen halten Westdeutsche für arrogant, 61 Prozent
für geldgierig (Köcher 2009: 67; vgl. auch Schroeder 2010: 53). Die positive
Konnotation übertragen die Ostdeutschen auch auf ihre Produkte: Die Ostmarken werden als glaubwürdiger, ehrlicher, sympathischer und gesünder als westdeutsche Marken eingeschätzt (IMK 2010).

Diese Abgrenzung von Westidealen und gleichzeitige Überhöhung der
DDR-Ideale wird von vielen im Westen als Geschichtsrevisionismus und Un-
dankbarkeit ausgelegt. Da habe der Westen den Osten schon mit Billionen aus
der Rückständigkeit gerettet – und doch ist er noch immer nicht zufrieden, sondern wünscht sich die Vergangenheit zurück, lautet eine beliebte Stammtischpa-
role. Als Bild des undankbaren Jammer-Ossis bestätigt der Habitus der Bescheidenheit damit permanent die symbolische Abwertung durch die Westdeutschen.

Wechselwirkungen I: Der Preis-Qualitäts-Zusammenhang

Nachdem wir nun betrachtet haben, wie sich die deutsch-deutsche Teilung auf
ökonomischer Ebene und auf symbolischer Ebene jeweils reproduziert, wollen
wir uns nun den Wechselwirkungen zwischen beiden Ebene widmen.

Am offensichtlichsten sollte sich die symbolische Abwertung des Begriffes
„ostdeutsch" in ihrer Wirkung auf die Ökonomie an der *Wahrnehmung von Produkten* aus den neuen Bundesländern zeigen. Mit Bourdieu betrachtet würde die
ostdeutsche Herkunft für die Unternehmen also einen negativen Positions- oder
Rangprofit darstellen – den Ghetto-Effekt (Bourdieu 1991a: 32). Die negative
Bewertung bekannter ostdeutscher Akteure oder Güter übertrüge sich auch auf
jedes neue ostdeutsche Produkt – unabhängig von seiner tatsächlichen Qualität
(siehe Abb. 6).

Konzipieren wir den Zusammenhang zunächst theoretisch: Die Kultur der
Abwertung führt dazu, dass ostdeutsche Produkte als minderwertig wahrgenommen werden. *Rationale Nutzenmaximierer* zahlen für minderwertige Produkte nur einen geringeren Preis als für solche, die sie als höherwertig wahrnehmen.
Das hätte zunächst Folgen auf der ökonomischen Seite: Durch die geringeren

Preise reproduziert sich die Kapitalschwäche und im Zweifelsfall leidet darunter wieder die Qualität der Produkte, was im Endeffekt zu einer Bestätigung der Wahrnehmung als minderwertig führt. Darüber hinaus verstärkt der geringe Preis den Eindruck der Ostdeutschen, sich in ihrer Leistung nicht anerkannt zu fühlen und bestätigt damit den Habitus der Bescheidenheit.

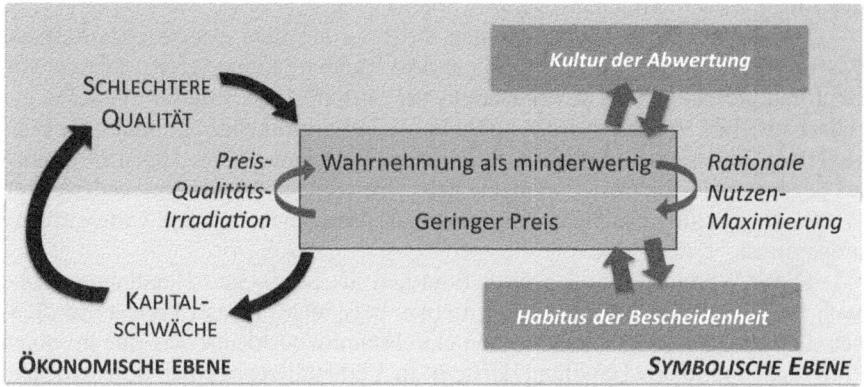

Abb. 6: Der Preis-Qualitäts-Zusammenhang (eigene Darstellung)

Aber werden Ostprodukte als minderwertig wahrgenommen? Betrachten wir zunächst den Markt für Konsumgüter: In Westdeutschland werden ostdeutsche Produkte – wenn überhaupt – nur über den Preis wahrgenommen, fand das Institut für Angewandte Marketing- und Kommunikationsforschung im Auftrag der MDR-Werbung heraus (IMK 2010). Unklar bleibt, ob bei als qualitativ gleichwertig wahrgenommenen Produkten die Ostmarke als minderwertiger eingeschätzt wird. In der IMK-Studie äußert sich die Mehrzahl der Befragten indifferent über die Attraktivität von Ost- und Westprodukten. Dabei ist allerdings nicht kontrolliert, ob sich die Attraktivität bei den verglichenen Produkten aus beiden Regionen auf die gleichen Kriterien stützt. Wenn der Preis das entscheidende Merkmal ist, könnte es also sein, dass das Ostprodukt erst durch einen deutlich günstigen Preis in der Attraktivität zu dem Westprodukt aufschließt. Fraglich ist außerdem, ob bei einer so direkten Frage die Antworten nicht in Richtung sozialer Erwünschtheit verzerrt sind.

Wie sieht es unterdessen auf dem Zulieferermarkt aus? Nach Behr/Schmidt (2006) haben sich die erfolgreichen ostdeutschen Zulieferer mit kundennahen Produktlösungen in Nischenmärkten etabliert. Dort sind sie – so beschweren sie sich zumindest in Befragungen – durch ihre Position in Abhängigkeit von großen und meist westdeutschen Akteuren nicht in der Lage, größere Gewinne zu generieren, da die Profite im Zweifelsfall durch Marktdruck von den Abnehmern einbehalten werden (Behr 2010b).

Eine symbolische Abwertung der ostdeutschen Güter lässt sich zwar nicht explizit feststellen, ist meines Erachtens nach aber recht plausibel. Klar ist zudem, dass der Preis aufgrund der geringen Bekanntheit der Produkte und der Abhängigkeit von Zulieferern offenbar die wichtigste Marketingstellschraube für die ostdeutschen Unternehmen ist: Sie sind gezwungen ihre Produkte über günstige Preise zu vermarkten.

Der geringe Preis ergibt sich aber nicht nur aus dem externen Marktdruck. Wir können den Prozess auch in die andere Richtung konzipieren. Wie wir von Bourdieu gelernt haben, ist der Habitus als „strukturierte Struktur" von den gesellschaftlichen Werten geprägt und gibt als „strukturierende Struktur" die individuellen Präferenzen in einer Situation vor (Bourdieu 1985b: 103f). Der Habitus der Bescheidenheit ist – so meine hese – der Spiegel der genuin ostdeutschen Werte, die vor allem sozialen Zusammenhalt, Bescheidenheit und Unterordnung propagieren.

Diese Werte zeigen sich nach Bourdieu als Denk- und Handlungsschema auch im alltäglichen ökonomischen Leben, beispielsweise bei Preisverhandlungen. Die Idee ist also, dass es für den Durchschnitts-Ostdeutschen eine in seinen Präferenzen rationale Handlung darstellt, in Verhandlungen einen bescheidenen, also geringen Preis zu verlangen. Tatsächlich finden sich für diese These Belege. Für Behr/Thieme beruht das gesamte „Produktionsmodell Ost" (2009: 71) auf dem Habitus der Bescheidenheit. Die ostdeutschen Mittelständler profitieren demnach von hoch qualifizierten Fachkräften, die bereit sind, zu niedrigen Löhnen zu arbeiten und die ihre Firmen als Gemeinschaften begreifen. Die Unternehmenskulturen zeichnen sich durch ein hohes Maß an Kollegialität und das Gefühl, füreinander verantwortlich zu sein, aus. Aber auch die genuin ostdeutschen Unternehmer selbst scheinen vom Habitus der Bescheidenheit geprägt. Die bevorzugte Strategie der Ost-Unternehmer ist es, sich als intelligenter Problemlöser mit flexiblen, kundenspezifischen Produkten zu günstigen Preisen in einer Nische einzurichten (Behr 2010a; Lutz 2010).

Das – so meine These – bleibt aber nicht ohne Folgen. Seit Oswald Knauth (1949) und Harold Leavitt (1954) in Experimenten entdeckten, dass mit einer Preiserhöhung ein Anstieg der Verkäufe einherging, ist es im Marketing zu der weithin anerkannten Erkenntnis gekommen, dass der Preis für die Konsumenten ein wesentlicher Indikator für Qualität ist. Dieser Prozess wird als *Preis-Qualitäts-Irradiation* bzw. Preis-Qualitäts-Assoziation bezeichnet (Akshay 2005; Böcker/Helm 2003: 237). Bieten ostdeutsche Unternehmen ihre Produkte zu extrem günstigen Preisen an, könnte das für die westdeutschen Geschäftspartner ein Indikator für eine geringere Qualität sein. Die Preiszurückhaltung wird zur Bestätigung der symbolischen Abwertung.

Wechselwirkungen II: Die Spatzen-Ökonomie

Der Habitus der Bescheidenheit könnte sich allerdings nicht nur als Bremse in Verhandlungen erweisen. Bourdieu weist daraufhin, dass Orte immer an gewisse Habitusformen gebunden sind (1991: 31f). Um sich an einem Ort sicher bewegen zu können, bedarf es der zu diesem Ort passenden habituellen Dispositionen – also des Wissens, wie man sich dort zu bewegen hat. Wem es an dieser habituell erlernten Selbstverständlichkeit fehlt, der fällt sofort als Fremder auf. Weil diese Unangepasstheit ein äußerst unangenehmes Gefühl auslöst, kommt es zu einer *„vorauseilenden Selbstexklusion"* (Schroer: 118): Die Akteure betreten die Räume erst gar nicht, von denen sie nicht wissen, wie sie sich verhalten sollen. Sie haben einen antrainierten „Sinn für Grenzen".

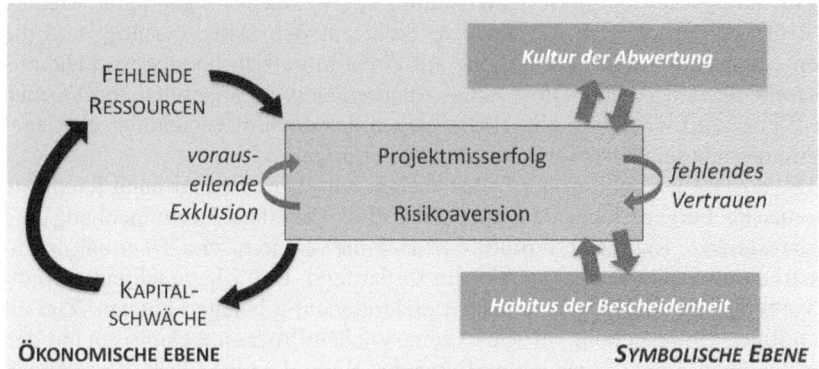

Abb. 7: Vorauseilende Exklusion (eigene Darstellung)

Das lässt sich auch auf Märkte übertragen. Weil vielen Ostdeutschen durch ihre Sozialisation in der Planwirtschaft die habituelle Sicherheit fehlt, sich auf kapitalistischen, insbesondere risikoreichen kapitalistischen Märkten zu bewegen, wagen sie sich gar nicht erst dorthin, so die These. Hinzukommt die habituelle Risikoaversion, die dazu führt, dass ostdeutsche Mittelständler seltener risikoreiche – und damit potenziell auch renditeträchtige – Projekte eingehen. Auf Dauer hat diese „Spatz-in-der-Hand"-Ökonomie zur Folge, dass die Unternehmen ihrer Kapitalschwäche nicht entfliehen können oder sogar aufgrund fehlender Ressourcen ganz aus dem Markt ausscheiden (siehe Abb. 7).

Tatsächlich verstehen sich viele ostdeutsche Unternehmer mehr als technische Problemlöser denn als Manager (Behr/Schmidt 2005). Sie ziehen sich in Felder zurück, in denen sie kurzfristig zu überleben glauben – als kundenorientierte Zulieferer. Das hat aber nicht nur die bereits erläuterten ökonomischen Folgen. Das risikoaverse Auftreten bestätigt die symbolische Abwertung durch die Westdeutschen – getreu dem Motto: „Das sind doch gar keine richtigen Unternehmer."

Und damit wird wiederum ein Gegenprozess angestoßen. So kann das risikoaverse Auftreten dazu führen, dass westdeutschen Geschäftspartnern das *Vertrauen* in die unternehmerischen Fähigkeiten ihrer ostdeutschen Partner fehlt. Dieser Mangel an An- und Zuerkennung von Vertrauen verstärkt wiederum den Habitus der Bescheidenheit. Zudem können wegen des fehlenden Vertrauens möglicherweise auch Projekte nicht realisiert werden, die westdeutsche Partner den Ostdeutschen schlicht nicht zutrauen.

Wir haben nun gesehen, dass neben den offensichtlichen ökonomischen Prozessen weitere soziale Prozesse die (doppelte) Teilung Deutschlands in Ost und West erhalten (siehe Abb. 8). Auf der symbolischen Ebene spielt dabei vor allem die äußerst einseitige Berichterstattung der westdeutsch geprägten Medien eine Rolle, die im Westen die negative Sicht auf den Osten bestätigt und die Ostdeutschen zu einer Rückbesinnung auf einen moralisch überlegenen Habitus der Bescheidenheit zwingt. Diese Nicht-Anerkennung der angeblich überlegenen West-Werte wird wiederum als Affront gegen das doch offensichtlich überlegene System erlebt und bestätigt damit die Abwertung.

Die soziale Distinktion der Ostdeutschen hat aber offenbar auch handfeste ökonomische Folgen: Über den doppelten Preis-Qualitäts-Zusammenhang und die vorauseilende Exklusion reproduziert sich die ökonomische Trennung in kapitalstarke und kapitalschwache Akteure fortlaufend. Dafür habe ich einige Indizien vorgelegt, die die Prozesse jedoch nicht eindeutig belegen können. Ziel einer künftigen Untersuchung müsste es sein, solchen Prozessen empirisch auf den Grund zu gehen. Dazu werde ich im folgenden Kapitel einige Ideen dazu vorstellen.

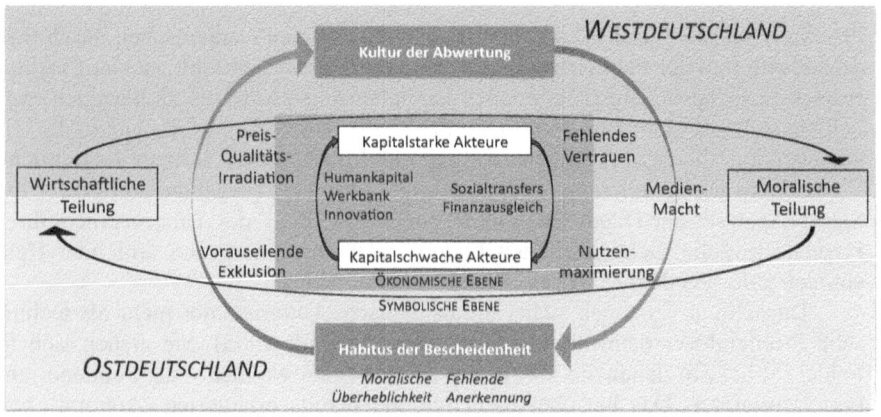

Abb. 8: Selbstverstärkung der Doppelten Teilung (eigene Darstellung)

8. Visionen – Ein möglicher Blick in die Zukunft

„Wir haben in den neuen Ländern an vielen Stellen gemerkt, dass Veränderungen – so mühselig sie sein mögen – am Ende etwas Gutes bewirken können. Richtig ist auch, dass sich für die Westdeutschen zunächst nicht so viel verändert hat. Jetzt gehen wir gemeinsam in die Zukunft - und das wird ohne Veränderungen nicht gehen."[47]

Wir haben nun theoretisch ein Modell der Wiedervereinigung aus Bourdieuscher Perspektive entwickelt. Folgen wir seiner Theorie, reproduziert sich die ökonomische und moralische Teilung ständig weiter – wenn keine äußeren Einflüsse den Prozess stören. In Bourdieu-Lesart gibt es zwei Möglichkeiten, wie diese Spirale durchbrochen werden kann: entweder durch Veränderungen auf der symbolischen Ebene oder durch Änderungen im strukturellen Gefüge der Gesellschaft. Tatsächlich ist es nicht unwahrscheinlich, dass die Selbstverstärkung auf ökonomischer Ebene in den kommenden Jahren endogen an ihre Grenzen geraten dürfte: Das vorherrschende, auf dem Habitus der Bescheidenheit beruhende Produktionsmodell dürfte wanken, weil dem Osten die bescheidenen Fachkräfte ausgehen.

Wie geht es dann weiter? Das ist wohl die zentrale Frage der Entwicklung Ostdeutschlands in den nächsten Jahren. Im Folgenden möchte ich kurz schemenhaft skizzierren, dass es sich lohnen könnte, diese Entwicklung mit einem Bourdieuschen Denkansatz zu betrachten. Dabei ist es mein Ziel zu zeigen, dass die Theorie auch allgemein als machttheoretische Brille für den Ansatz der Innovationssysteme verwendet werden kann. Ich werde nun zunächst das Problem der Fachkräfteentwicklung erläutern (8.1). Daraufhin soll die theoretische (8.2) und empirische (8.3) Idee für ein Forschungsvorhaben aufgezeigt werden.

8.1 Fachkräfteentwicklung als Herausforderung

Für die ostdeutschen Unternehmen waren die Arbeitsmarktbedingungen in den vergangenen 20 Jahren traumhaft. Durch die Geburtenexpansionspolitik der DDR in den 1970er Jahren strömten in den 1990er Jahren sehr viele junge Menschen in den Arbeitsmarkt. Gleichzeitig stellten die von der Wende gebeutelten Unternehmen kaum neue Mitarbeiter ein: Weil bereits nach der Wende viele Ältere frühverrentet worden waren, gingen kaum Arbeitnehmer in den Ruhestand.

---

[47] Bundeskanzlerin Angela Merkel (CDU) im Interview mit der ostdeutschen Zeitschrift „Super-Illu" (Super-Illu 2009)

Jährlich standen rund 200 000 Nachwuchskräfte zur Verfügung und damit mehr als doppelt so viele, wie die Unternehmen benötigten (Lutz 2010b: 27). Der Anteil der älteren Beschäftigten nahm im Laufe der Jahre dadurch immer weiter zu, während der Anteil der jüngeren permanent zurückging (Lutz 2010b: 30ff). Diese Entwicklung wird sich in den kommenden Jahren rächen (siehe Abb. 9). Die Zahl der Renteneintritte steigt um den Faktor 2,5, während sich die Zahl der potenziellen Nachwuchskräfte wegen abnehmender Geburtenzahlen nach der Wende und der massiven Abwanderung halbiert. Burkart Lutz spricht in einer Studie für die gewerkschaftsnahe Otto-Brenner-Stiftung von einem „Umschlag der Knappheitsverhältnisse" (Lutz 2010b: 32).

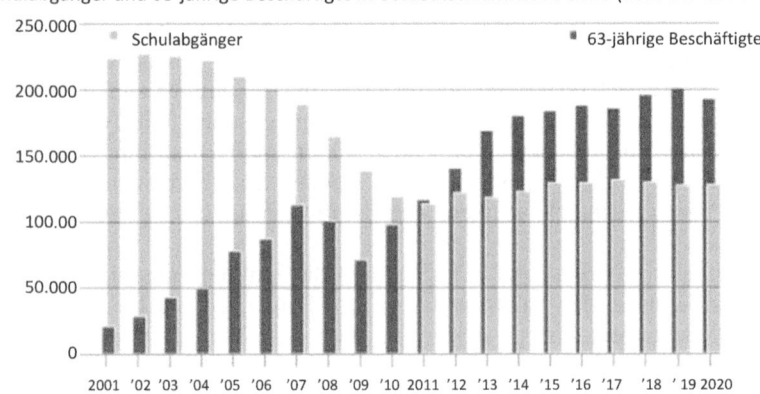

Abb. 9: Entwicklung Arbeitsmarkt Ostdeutschland (Lutz 2010a: 18)

In den ostdeutschen Regionen kommt es also zu einem massiven Rückgang des Erwerbspersonenpotenzials: Behr/Thieme rechnen mit einem Minus von fast 30 Prozent in den kommenden 15 Jahren (Behr/Thieme 2009: 71ff). Das zurückhaltendere ifo-Institut prognostiziert eine Reduzierung um 4,92 Prozent zwischen 2011 und 2015, dann um jeweils sechs Prozent in Fünf-Jahres-Intervallen (Arent/Nagl 2010). Außerdem verändert sich die Altersstruktur der Unternehmen: Sind heute 27 Prozent der Arbeitnehmer älter als 50 Jahre, werden es 2020 schon 40 Prozent sein (Behr 2010a).

   Das stellt das derzeitige Produktionsmodell Ost vor ein Problem. Bisher profitierten die erfolgreichen Mittelständler vom ostdeutschen Habitus der Bescheidenheit: von hoch qualifizierten Fachkräften, die bereit waren, zu niedrigen Löhnen zu arbeiten und die Firmen als produktive Lebensgemeinschaften verstanden (Behr/Thieme 2009). Daher konnten sie sich als intelligente Problemlöser und flexible Anbieter kundenspezifischer Produkte mit günstigen Preisen am Markt positionieren (Behr 2010a). Lutz warnt davor, dass ein „nennenswerter Teil der kleinen ostdeutschen Industriebetriebe weder über die Ressourcen noch die Kompetenzen verfügt" (2010b: 29) auf neuen Herausforderungen angemessen zu reagieren (2010a: 69).

Für Ostdeutschland hätte das gravierende Folgen: Ragnitz geht davon aus, dass sich das Wachstum des Produktionspotenzials in Ostdeutschland damit insgesamt verlangsamen dürfte. Solange der Produktivitätszuwachs noch über der Abwanderung liegt, bleibt zwar ein Wachstum des BIP pro Einwohner möglich: „Eine Annäherung der Lebensverhältnisse (gemessen am Bruttoinlandsprodukt je Einwohner) ist allerdings äußerst unwahrscheinlich." (Ragnitz 2009: 118)

Was bedeutet das für das Verhältnis zwischen Ost- und Westdeutschland? Behr (2010b) nennt das derzeitige Verhältnis ein scheinbar stabiles West-Ost-Ungleichgewicht. Der Osten produziert für den Westen gut ausgebildete Arbeitskräfte sowie preiswerte und hochwertige Vorleistungen. Der Westen kompensiert mit massiven Sozial- und Finanztransfers die ökonomischen Schwächen im Osten (genauer gesagt: die geringen Löhne) – ob sie nun darauf zurückzuführen sind, dass die Firmen nicht mehr zahlen wollen oder können sei hier ausgeklammert. Der Fachkräftemangel könnte dieses System ins Wanken bringen.

Dem Osten droht ein Negativ-Teufelskreis. Auf der ökonomischen Ebene heißt das: Verlieren die ostdeutschen Unternehmen ihre Innovationsfähigkeit, leidet darunter auch die Attraktivität der Region. Fachkräfte wandern ab und verschärfen damit die Probleme der Unternehmen bei der Suche nach geeigneten Arbeitnehmern. (Behr 2010b) Die Entwicklung hätte aber auch Folgen auf der symbolischen Ebene. Die ökonomische Minderleistung bestätigt die symbolische Abwertung und den Habitus der Bescheidenheit. Dieser Prozess würde sich potenzieren, wenn die Minderleistung neue Finanztransfers nötig macht. Dies würde unweigerlich zu einer neuen Ost-West-Debatte führen, die wiederum mit einer Verstärkung der moralischen Teilung einhergehen dürfte.

Die entscheidende Variable der kommenden Jahre ist daher – wie in den ersten Jahren nach der Wiedervereinigung – die Lohnentwicklung. In den vergangenen Jahren waren niedrige Löhne ein Standortvorteil. Jetzt dürften sie zum Standortnachteil werden, weil die Region damit unattraktiv für Fachkräfte wird. Wir kommen also wieder zu der schon angeklungenen zentralen Frage: Können oder wollen die Unternehmen keine höheren Löhne zahlen? Wenn sie nicht mehr zahlen können: Liegt es daran, dass die Unternehmen tatsächlich schlechtere Arbeit leisten? Oder daran, dass sie – aufgrund der symbolischen Abwertung der Herkunft Ostdeutschland – systematisch benachteiligt werden und so nur geringere Preise erzielen? Diese Frage gilt es empirisch zu klären. Dafür würde sich wiederum ein Rückgriff auf Bourdieu anbieten. Ziel ist es dabei, den Ansatz im

Sinne der Neuen Wirtschaftssoziologie zu verwenden, um Machtprozesse in Innovationssystemen sichtbar zu machen.

8.2 Theoretische Grundidee

Wir haben gesehen, dass die ostdeutschen Unternehmen, wenn sie den Anschluss an den Westen finden wollen, eine eigene Position in der weltweiten Arbeitsteilung finden müssen: Dazu müssen sie Innovationen generieren, wobei sie allerdings in den nächsten Jahren mit einem zunehmenden Fachkräftemangel zu kämpfen haben. Es gibt eine Reihe offener Forschungsfragen: Wie reagieren die Märkte? Wie bereiten sich Firmen auf diese Änderungen vor? Akzeptieren West-Firmen die notwendigerweise steigenden Preise für Ostprodukte? Gibt es eine weitere Angleichung oder eine erneute Deindustrialisierung des Ostens?

Darüber hinaus habe ich Hinweise darauf präsentiert, dass ostdeutsche Unternehmen generell symbolisch abgewertet werden und sich darüber die ökonomische Teilung reproduziert. Besonders problematisch wäre eine solche systematische Benachteiligung im Bereich der Innovation. Wie der Ansatz der Innovationssysteme thematisiert, entstehen neue Produkte und Verfahren heute meist in der Zusammenarbeit von mehreren Akteuren. Eine zentrale Forschungsfrage müsste also lauten: Werden ostdeutsche Unternehmen bei der technologischen Zusammenarbeit übervorteilt?

Obwohl der Ansatz der Innovationssysteme mit einigen problematischen Annahmen der Neoklassik bricht, hat er keine Perspektive für solche Machtprozesse. Vom Ausgangspunkt hat der Ansatz der Innovationssysteme große Ähnlichkeit mit der sogenannten Neuen Wirtschaftssoziologie. Während in den 1980er Jahren europäische Ökonomen begannen, mit Innovationssystemen die nicht ökonomischen Einflussfaktoren auf Innovationen zu untersuchen, gab es zur selben Zeit in der amerikanischen Soziologie eine ähnliche Entwicklung. Soziologen wie Mark Granovetter, Harrison White und Richard Swedberg machten sich auf, wieder soziologisch an wirtschaftliches Handeln und wirtschaftliche Institutionen heranzugehen.

Zentral für die Neue Wirtschaftssoziologie ist der Begriff der „Einbettung". Die Handlungen der Individuen sind nicht nur von einer sozialen oder relationalen Einbettung (in Netzwerke, also Beziehungen von Akteuren) gekennzeichnet, sondern auch von einer institutionellen oder strukturellen Einbettung in formelle (Recht) und informelle (Konventionen, Bräuche, Sitten) Institutionen (Florian 2006: 77; Aspers/Beckert 2008; Swedberg 2008). Damit wird das neoklassische Erklärungsmodell an zwei Stellen kritisiert: Zum einen seien ökonomische Handlungen nicht nur rational an der Nutzenmaximierung ausgerichtet, sondern durch weitere Faktoren – Kultur, Kognition, Macht und Institutionen – bestimmt.

Das habe außerdem zur Folge, dass Märkte nicht so effektiv funktionieren, wie in der Ökonomie angenommen, weil sie meistens nicht das Ergebnis zufälliger Kontakte zwischen anonymen Marktgängern sind. (Schmid 2008: 101)

Ähnlich argumentiert der Ansatz der Innovationssysteme. Akteure agieren begrenzt rational in unsicheren Umwelten, die von institutionellen Settings und kulturellem Milieu bestimmt werden (Malerba 2002). Die Neoklassik betrachte Allokation, wichtiger sei aber Innovation, ohne die eine Volkswirtschaft verarmen würde. Die wichtigste Ressource in der modernen Wirtschaft sei daher Wissen und das könne auf idealisierten Märkten nicht entstehen. Die Perspektive müsse sich daher von rationalen Wahlhandlungen auf Lernprozesse verschieben. (Lundvall 2009)

Bourdieu geht noch einen Schritt weiter. Er bricht mit einer weiteren wesentlichen Annahme des ökonomischen Handlungsmodells: Akteure handeln nicht bewusst, sondern habitualisiert nach den Regeln der Felder und den Möglichkeiten, die ihnen ihre soziale Position lässt. Eine bewusste Wahrnehmung und Verarbeitung dieser Möglichkeiten ist dazu nicht nötig. Während die Neue Wirtschaftssoziologie und die Innovationssystemtheoretiker auf direkt beobachtbare Interaktionen setzen, widmet sich Bourdieu den „unsichtbaren" sozialen Positionen – den Handlungsmöglichkeiten, die ein Akteur in der Einschränkung seiner Möglichkeiten (also Kapitalausstattung) hat.

Bourdieus Ansatz ist also prädestiniert dafür, Machtverhältnisse hinter ökonomischen Entscheidungen und Marktprozessen abzubilden (Beckert/Aspers 2008: 239; Florian/Hillebrant 2006; Maurer 2006; Fley 2008: 174). Die neoklassische Ökonomie schließt solche Macht per Definition aus: Auf Märkten treten sich freie Individuen gegenüber, die ihre Entscheidungen nur nach ihren persönlichen Präferenzen treffen. Diese Präferenzen endogenisiert Bourdieu: Der Geschmack des Einzelnen und seine Weltsicht sind nicht frei, sondern geprägt von der sozialen Position des Individuums. Angebot und Nachfrage sind also nicht Ergebnis des Wirkens einer unsichtbaren Hand, sondern vielmehr durch soziale Konstruktionen und Klassifikationen sowie den unterschiedlichen Verteilungsstrukturen von Möglichkeiten und Fähigkeiten bestimmt.

Bourdieu erscheint daher als theoretische Fundierung für den Ansatz der Innovationssysteme geeignet (Blättel-Mink 2009). Er untersucht, wie der Innovationssystem-Ansatz, Konstellationen von Akteuren, die in einem Rahmen aus historisch gewachsenen Strukturen und Institutionen aufeinander bezogen handeln. Was bei Lundvall und Co. ein System ist, ist bei Bourdieu ein soziales Feld. Ziel eines Forschungsvorhabens wäre es, ein „Feld der Innovation" zu konzipieren. Dabei würde man idealtypische Akteure (Firmen) in ihren Machtrelationen darstellen und mit ihren jeweiligen Strategien verbinden. Zugespitzt gesagt: Wir verschieben die Beobachtung eines Innovationssystems auf die konstruktivistische Perspektivenvielfalt der Akteure auf dieses Feld. Dadurch könnte man die symbolische Ebene – also die Regeln des Innovationssystems – und ihre Rezeption durch die Akteure sichtbar machen. Damit wird es möglich, die Auswirkungen der sozialen Selektion in Innovationsprozessen genauer zu beobachten und mit der Zentrierung auf die je nach Position unterschiedlichen Wissensressourcen und deren jeweiligen Profite von der Zusammenarbeit Gewinner und Verlierer selektieren.

8.3 Skizze einer Studie

Ziel einer möglichen Studie wäre es also, zu zeigen, dass man dem Innovationssystem-Ansatz mit Hilfe von Bourdieu eine „Brille für soziale Ungleichheit" verpassen könnte. Damit ließen sich sowohl die von mir in den vorherigen Kapiteln skizzierten Prozesse empirisch beobachten, als auch mögliche Szenarien für die künftige Entwicklung Ostdeutschlands ableiten. Im Mittelpunkt einer solchen Untersuchung ständen zwei Fragen:

a) Werden ostdeutsche Firmen in innovativen Ost-West-Unternehmensnetzwerken systematisch benachteiligt?

b) Wie verändern sich diese möglichen Ungleichheitskonstellationen angesichts des demographischen Wandels?

In meinen Augen wäre die Optik-Industrie prädestiniert für eine solche Untersuchung. Sie gehört zu den hoch innovativen Spitzentechnologien mit stark spezialisierten Produkten. Es ist damit zu rechnen, dass sich die Unternehmen untereinander kennen und bewerten. Zudem kann davon ausgegangen werden, dass es keine vollkommenen Marktprozesse gibt, sondern Machtbeziehungen zwischen den einzelnen Akteuren. Dies verstärkt sich noch dadurch, dass die Optik-Industrie eine klassische Querschnittsbranche ist, die überwiegend Zulieferprodukte und selten Konsumentenmarkenprodukte herstellt.

Ein weiterer Vorteil ist es, dass mit Jena ein weltweit anerkannter Spitzen-Standort der Branche in Ostdeutschland liegt. Vergleicht man nun Jena mit dem strukturell ähnlichen westdeutschen Optikstandort Göttingen und stellt eine symbolische Abwertung der Ostprodukte fest, ist es recht plausibel, dass ein solcher Prozess auch in anderen, weniger renommierten Ostbranchen und –standorten auftritt. Zugespitzt: Wenn schon in der Optik die ostdeutsche Herkunft eine negative Rolle spielt, dann wohl auch in anderen Branchen, in denen der Osten keinen so guten Ruf hat. Optimalerweise würden wir bei solch einem Modell einen großen westdeutschen Finalproduzenten (beispielsweise in der Automobilindustrie) mit seinen Beziehungen zu strukturell ähnlichen westdeutschen und ostdeutschen Zulieferern untersuchen.

Bourdieu beschreibt selbst zwei Anwendungsfälle für seine Theorie in wirtschaftssoziologischen Fragestellungen. Die Machtbeziehungen zwischen Firmen in verschiedenen Branchenfeldern und die sozialen Beziehungen innerhalb der Firmen. Beide beeinflussen die Entscheidungen, die Firmen fällen (2005a: 205ff). Wir würden auf ersteren Fall fokussieren und ein Innovationssystem als Branchenfeld untersuchen. Die Akteure sind dabei wie im Innovationssystemansatz in erster Linie die Unternehmen. Sie würden in zwei Schritten zunächst anhand ihrer Kapitalausstattung in einem „Raum der objektiven Relationen" modelliert. Anschließend würde dieser Raum mit den jeweiligen Unternehmensstrategien, dem „Raum der Perspektiven", verbunden. Beide Räume sind – wir erinnern uns an Kapitel 6 – eng miteinander verbunden. Die Position prägt die Perspektive und damit die Wahrnehmung von Möglichkeiten und Strategien. Die Strategien beeinflussen wiederum durch die sozialen Kämpfe die Positionen.

Positionen

Der Raum der objektiven Relationen wird anhand quantitativer Indikatoren konstruiert. Im Feld der Wirtschaft unterscheidet Bourdieu vier „harte" Kapitalarten (2005a):

a) Finanzkapital
   ist der direkte oder indirekte Zugriff auf finanzielle Ressourcen. Es ist die Grundbedingung, um alle anderen Kapitalsorten zu akkumulieren und zu speichern. Erfassen könnte man das Finanzkapital am ehesten, indem man den durchschnittlichen Cashflow der vergangenen fünf Jahre[48] abfragt. Sollte diese Zahl nicht vorhanden sein, wäre alternativ die Erfassung des durchschnittlichen Umsatzes möglich.

b) Technologisches Kapital
   sind wissenschaftliche Ressourcen oder technische Ressourcen, die bei der Entwicklung und Herstellung neuer Produkte verwendet werden können. Technologisches Kapital könnte man über einen Index erfassen, der sich aus dem Fünf-Jahres-Durchschnitt des FuE-Budgets[49] und der FuE-Mitarbeiter, der Zahl der Markteinführungen und der Zahl der Patente zusammensetzt.

c) Kommerzielles Kapital
   sind Vertriebsfähigkeiten des Unternehmens. Dazu gehören unter anderem Lagerung, Transport, Marketing und Kundenservice. Auch das Vorhandensein eines Markenprodukts spielt hier eine Rolle. Die Vertriebsfähigkeiten

---

[48] Um von Einzelereignissen und Konjunkturzyklen unabhängiger zu werden, müsste man Durchschnittswerte über mehrere Jahre erheben.

[49] Dass die einzelnen Kapitalsorten miteinander korrelieren können (beispielsweise das FuE-Budget mit dem Cashflow) ist durchaus in Bourdieus Sinne, der davon ausgeht, dass die Kapitalien ineinander tauschbar sind.

könnten ebenfalls über einen Index aus dem Fünf-Jahres-Durchschnitt des Marketing-Budgets sowie der Zahl der Marketing-Mitarbeiter.

d) Soziales Kapital
   sind die Beziehungen und sozialen Netze, die ein Akteur hat. Für Unternehmen sind diese wichtig, um Zugang zu Finanzkapital, Informationen etc. zu erhalten. Es bietet Potenzial für gewaltige Marktvorteile. Soziales Kapital könnte über die Zahl der Kooperationspartner in FuE-Kooperationen ermittelt werden.

Strategien

In einem zweiten Schritt werden die markanten Positionen mit der jeweiligen Sicht auf das Problemfeld verbunden. Dabei müssten mit Hilfe von qualitativen Interviews[50] zum einen die generellen Regeln der symbolischen Ebene des Feldes analysiert werden.[51] Was sind die Spielregeln des Feldes? Was für Anreizsysteme gibt es? Welche Kapitalsorten bzw. Fähigkeiten gelten als wertvoll, welche nicht? Zum anderen würde aus diesen Daten rekonstruiert, wie sich diese Wahrnehmung je nach Position unterscheidet.

Eine grundlegende Frage wäre dabei: Unterscheiden sich Unternehmen in Ost und West, selbst wenn sie nach den Kapitalsorten strukturell sehr große Ähnlichkeiten haben. Genauer: Haben strukturell ähnliche Unternehmen in Ost und West unterschiedliche Wahrnehmungen der sozialen Welt? Verfolgen sie unterschiedliche Strategien? Und werden sie von anderen Akteuren im sozialen Feld unterschiedlich wahrgenommen? Dabei gilt es, das symbolische Kapital der Akteure zu rekonstruieren, das in der Wirtschaft besonders in Form von Kredit, der Vertrauen und Glauben bei Gläubigern (z.B. goodwill investment, brand loyality) wirkt (Bourdieu 2005). Vorteil einer solchen Vorgehensweise wäre es zudem, dass sich positionsabhängig die strategische Ausrichtung auf den demographischen Wandel analysieren lassen würde.

Diese Skizze ist notwendigerweise grob und in ihren Details noch weitgehend unausgereift. Dennoch zeigt sie meines Erachtens nach Perspektiven auf, in die eine künftige Forschung zu Innovationssystemen mit Hilfe von Bourdieu gehen könnte.

---

[50] Als Vertreter der jeweiligen (Unternehmens-)Akteure würden Leitfaden-Interviews mit verantwortlichen Entwicklern oder Geschäftsführern vereinbart (Flick 2009; Diekmann 2005; Gläser/Laudel 2005). Dabei ist zu beachten, dass wir es bei dieser Vorgehensweise immer mit zwei Habitus zu tun haben: Dem des befragten Akteurs (in seiner sozialen Welt) und dem des Unternehmens (in seiner sozialen „Markt"welt). Um die Reaktivität der Befragten (insbesondere Richtung sozialer Erwünschtheit) so gering wie möglich zu halten, sollte die Studie zudem als Untersuchung von Mustern der technischen Zusammenarbeit in der Optikindustrie getarnt werden.
[51] Hier bietet sich außerdem ein Rückgriff auf die Ideen von Fligstein (1996; 2001) an, die bis auf das Handlungsmodell große Ähnlichkeiten mit Bourdieus Ansatz aufweisen.

9. Fazit: Die vergessene Dimension der Regionalökonomie

„Es geht vielmehr darum, der Wissenschaft vom Mangel und von der Konkurrenz um Mangelgüter das entsprechende Wissen der sozialen Akteure zu integrieren, das diese erlangen, indem sie – gestützt auf ihre Erfahrung der Distribution, die selbst wiederum abhängt von ihrer Stellung innerhalb derselben – Teilungen, Gliederungen und Klassifikationen vornehmen, die nicht weniger objektiv sind als die Rechnungsbilanzen der sozialen Physik.[52]

Franz war überrascht. „Hier sieht's ja aus wie bei uns", entfuhr es ihm am Eingang der Jenaer Goethe-Gallerie. Ein modernes Einkaufszentrum mitten im Osten? Das entsprach offensichtlich nicht seinen Erwartungen. Meinen Freund Franz kann man wohl als den typischen Wessi bezeichnen: Mitte 50, studiert, Unternehmer, Spiegel-Leser und 20 Jahre nach der Wiedervereinigung zum ersten Mal zu Besuch in Ostdeutschland. Und überrascht über die eigenen Vorurteile.

Zwei Jahrzehnte nach der Wiedervereinigung gibt es nicht wenige Intellektuelle, die der ewigen Diskussion über Ost und West überdrüssig sind. Inzwischen gebe es durchaus Regionen im Osten, die mit dem Westen locker mithalten könnten, argumentieren sie. Statt einer Diskussion über Ost-West, müsse vielmehr über schwache und starke Regionen in ganz Deutschland geredet werden. Blickt man auf Städte wie Jena, Dresden und Leipzig erscheint das plausibel. Und es ist verständlich, dass westdeutsche Kommunal- und Landespolitiker immer wieder einmal fordern, den Solidarpakt angesichts hoch verschuldeter Weststädte und sanierter Oststädte möglichst schnell auslaufen zu lassen.

Ist die Unterscheidung Ost-West also ein Auslaufmodell? Es wäre zu hoffen. Doch schaut man in die Statistiken, kommen einem Zweifel: In vielen Bereichen halten ostdeutsche Städte und Regionen die rote Laterne fest umklammert. Generell lässt sich feststellen: Zwar ist Deutschland beim Lebensstandard ein weitgehend geeintes Land, es bestehen aber immer noch beträchtliche Unterschiede in der ökonomischen Leistungsfähigkeit.

Warum? Ökonomische Erklärungsmodelle suchen die Ursachen in den unterschiedlichen Strukturmerkmalen von Ost und West. Durch die historische Entwicklung in der DDR und der Nachwendezeit unterscheiden sich sowohl Regionen als auch Unternehmen zwischen beiden Landesteilen immer noch in ihren

---

[52] Pierre Bourdieu (Bourdieu 1982: 753)

Eigenschaften. Zunächst sind in Ostdeutschland überdurchschnittlich viele Unternehmen, die wenig Kapital haben, wenig exportieren und wenig Geld in gute Mitarbeiter, Marketing oder Forschung stecken; kurzum: denen die Möglichkeiten fehlen, um ihrer Kapitalschwäche zu entfliehen. Dann sind die Regionen in den neuen Bundesländern dünner besiedelt und noch immer auf der Suche nach ihrem Wissensschwerpunkt in der weltweiten Arbeitsteilung. Erschwerend kommt hinzu, dass sie wegen ihrer Schwäche nicht sonderlich anziehend auf rettende, innovative Unternehmer oder Arbeitnehmer wirken. Beide Erklärungsmuster sind plausibel, vermögen es aber offenbar nicht, den Zusammenhang vollständig statistisch aufzuklären.

Aber was ist mit den Vorurteilen? Die Mehrheit der Deutschen in beiden Landesteilen hält die Mentalitäten in Ost und West für grundlegend verschieden. Die historische Entwicklung, die Kategorisierung in Ost und West, ist nicht nur in den Wirtschaftsstrukturen, sondern auch in den Köpfen der Akteure immer noch präsent.

Auch wenn es über andere deutsche Regionen ebenfalls Vorurteile gibt, so ist der Ost-West-Unterschied doch ein spezieller, ist die These dieser Arbeit. Mehr als die Hälfte der Westdeutschen macht die Mentalität der Ostdeutschen für ihre wirtschaftliche Schwäche verantwortlich. Fast drei Viertel der Ostdeutschen fühlen sich dagegen von den Westdeutschen in ihrer Lebensleistung nicht anerkannt. Diese soziale bzw. moralische Trennung hat – so habe ich zu zeigen versucht – Folgen für die ökonomische Entwicklung. Die moralische Teilung und die ökonomische Teilung verstärken sich gegenseitig, so meine These.

Aber auf welche Weise? Zunächst haben wir die moralische Teilung betrachtet. Warum existieren auch zwanzig Jahre nach der Wiedervereinigung noch so große Vorurteile – obwohl sich diese bei gegenseitigem Kontakt abbauen? Bereits kurz nach der Wende entstand in der politischen Debatte der Wiedervereinigung eine stark negative Konnotierung des Begriffes „ostdeutsch". Er wurde synonym zu Sozialismus und DDR zum Inbegriff der Minderwertigkeit. Das hatte mit der sehr westdeutsch geprägten Debatte, aber auch mit der tatsächlich maroden Situation Ostdeutschlands zu tun. Durch die Medien, die Themen und Blickwinkel immer wieder reproduzieren, wurde aus der Minderwertigkeit eine Kultur der Abwertung.

Das blieb wiederum nicht ohne Folgen: Die Abwertung führte dazu, dass die Mehrzahl der Ostdeutschen sich in ihrer Lebensleistung nicht mehr anerkannt fühlten. Die DDR-Qualifikationen und Tugenden zählten im neuen Deutschland offensichtlich nichts mehr. Es kam zu einer Rückbesinnung auf ein moralisch überhöhtes Bild der DDR-Tugenden Gleichheit und Solidarität mit einer gleichzeitigen sozialen Distinktion von den als feindlich empfundenen Werten der arroganten und geldgierigen Wessis. Als moralisch überhöhte Leitfolie entstand ein Habitus der Bescheidenheit, der wiederum im Westen als Affront gegen die eigenen Werte erlebt wird und damit die Kultur der Abwertung („undankbarer Ossi") verstärkt. Diese sich selbst reproduzierenden Vorurteile bleiben nicht auf der symbolischen Ebene, sondern wirken über den Habitus (der ja Wahrnehmung, Denken und Handeln prägt) in die ökonomische Ebene hinein und bestätigen auch dort nicht nur die moralische, sondern auch die ökonomische Teilung. Soziologisch formuliert: Die soziale Distinktion hat eine ökonomische Distinktion zur Folge, die für eine partielle oder globale ökonomische Exklusion sorgt.

Wir haben zwei Prozesse identifiziert, die zwischen ökonomischer und symbolischer Ebene vermitteln. Zunächst der Preis-Qualitäts-Zusammenhang: Ein rationaler Konsument bezahlt für Produkte, die er für minderwertig hält, weniger als für anscheinend hochwertigere Produkte. Zugleich erscheinen aber Produkte, die wenig kosten, als weniger qualitativ. Durch die Kultur der Abwertung werden auch die ostdeutschen Produkte als minderwertig gebrandmarkt. Die Unternehmen müssen also über den Preis konkurrieren, was die Profite belastet. Neben diesem strukturellen Zwang zu niedrigen Preisen, haben die Ostdeutschen mit ihrem Habitus der Bescheidenheit eine Präferenz für Zurückhaltung. Dem Verständnis vieler Ostdeutscher, dass ein niedriger Preis ein Qualitätsmerkmal darstellt, steht dabei der Prozess der Preis-Qualitäts-Irradiation gegenüber: Was keinen hohen Preis hat, hat keinen hohen Wert. Für die westdeutschen Geschäftspartner wird die Preiszurückhaltung zur Bestätigung der symbolischen Abwertung.

Der zweite Prozess ist die Spatzenökonomie: In der DDR war unternehmerische Initiative nicht gefragt. Es zählte Anpassung an das System. Risikobereite Unternehmer gab es nicht. Auch heute verstehen sich viele ostdeutsche Firmeninhaber mehr als technische Problemlöser denn als Unternehmer. Neben der sozialen Distinktion kommt es also zu einer ökonomischen Distinktion, dem Rückzug in möglichst risikolose Nischen, wo die eigenen Tugenden Erfolg versprechen. Das hat Folgen: Zum einen verhindert diese Risikoaversion ökonomisch, dass Unternehmen mit risikoreichen, aber damit potenziell auch renditeträchtigen, Projekten der Abhängigkeit von westdeutschen Finalproduzenten und damit langfristig auch ihrer Kapitalschwäche entfliehen. Zum andern könnte diese Einstellung aber auch dazu führen, dass sich die Bewertung des ängstlichen und antriebslosen Ossis in Westdeutschland bestätigt. Ohne Vertrauen in die Leistungsfähigkeit der ostdeutschen Geschäftspartner, würden diese aber auch künftig nicht mit verantwortlicheren Aufgaben betraut, was eine Reproduktion ihrer Schwäche zur Folge hätte.

Was können wir daraus schließen? Die symbolische Ebene ist – wie Bourdieu anmerkt – nicht nur die vergessene Dimension des Klassenkampfes, sondern auch die vergessene Dimension der Regionalökonomie. In den Debatten spielen Strukturmerkmale eine Rolle. Ihre Rezeption durch die Individuen, die

Perspektive der Akteure, wird vernachlässigt. So könnten in Innovationssystemen durchaus Machtunterschiede zwischen den Akteuren eine entscheidende Rolle spielen. Meine These ist es, dass sich der Bourdieusche Denkansatz daher als optimale machttheoretische Ergänzung für den Ansatz der Innovationssysteme eignen könnte.

Ich habe daher im letzten Kapitel versucht auszuführen, wie die künftige – vor allem durch den Fachkräftemangel geprägte – Entwicklung Ostdeutschlands mit einem Bourdieuschen Blickwinkel beobachtet werden könnte. Dabei wäre es auch möglich, die bisher nur theoretisch hergeleiteten Prozesse der Beeinflussung von symbolischer und ökonomischer Ebene genauer zu betrachten und langfristig der Akteursperspektive auch in der ökonomischen Betrachtung der Unterschiede zwischen Regionen einen Raum zu geben.

Was bleibt nun am Ende noch festzuhalten? Mit Bourdieu müsste der aufklärende Soziologe die Verschleierung der symbolischen Ebene publik machen. Ich fange erst einmal im Kleinen an. Während ich an diesem Fazit tippe, hat mein Cousin mir eine Mail geschrieben. Er hat gerade Abitur gemacht und überlegt, wo er studieren soll. Im Osten, werde ich ihm antworten.

Literaturverzeichnis

Abelshauser, Werner (2005): Deutsche Wirtschaftsgeschichte seit 1945. Bonn: Bundeszentrale für politische Bildung.

Agarwal, Rajshree; Audretsch, David B.; Sarkar, M. B. (2008): The Process of Creative Construction: Knowledge Spillovers, Entrepreneurship and Economic Growth. Jena Economic Research Papers. Jena.

Ahbe, Thomas; Gries, Rainer; Schmale, Wolfgang (Hg.) (2009): Die Ostdeutschen in den Medien. Das Bild von den Anderen nach 1990. Leipzig.

Albach, Horst (1993): Zerrissene Netze. Eine Netzwerkanalyse des ostdeutschen Transformationsprozesses. Berlin.

Arent, Stefan; Nagl, Wolfgang (2010): Ostdeutscher Fachkräftemangel bis 2030. In: ifo Dresden berichtet, H. 6, S. 40–43.

Aspers, Patrick; Beckert, Jens (2008): Märkte. In: Maurer, Andrea (Hg.): Handbuch der Wirtschaftssoziologie. Wiesbaden .

Astor, Michael; Berewinkel, Jan; Klose, Georg; Schindler, Eva (2010): Technologietransfer zur Stärkung des Standorts Ostdeutschland. Herausgegeben von Der Beauftragte der Bundesregierung für die neuen Bundesländer. Berlin.

Audretsch, David B. (2002): Entrepreneurship: A Survey of the Literature. Prepared for the European Commission, Enterprise Directorate General. London.

Baale, Olaf (2008): Abbau Ost. Lügen, Vorurteile und sozialistische Schulden. 3. Aufl. München.

Barlösius, Eva (2006): Pierre Bourdieu. Frankfurt am Main.

Bauer, Michael (2006): Volkswirtschaft heute. Lizenzausgabe für die Bundeszentrale für politische Bildung. Bonn.

Bechmann, Sebastian; Dahms, Vera; Fischer, Agnes; Frei, Marek; Leber, Ute (2010): 20 Jahre Deutsche Einheit - Ein Vergleich der west- und ostdeutschen Betriebslandschaft im Krisenjahr 2009. Ergebnisse des IAB-Betriebspanels 2009. Herausgegeben von Institut für Arbeitsmarkt- und Berufsforschung (IAB).

Becker, Julia; Christ, Oliver; Wagner, Ulrich; Schmidt, Peter (2010): Deutschland einig Vaterland? Riskante regionale und nationale Identifikationen in Ost- und Westdeutschland. In: Heitmeyer, Wilhelm (Hg.): Deutsch-deutsche Zustände. 20 Jahre nach dem Mauerfall. Bonn: Bundeszentrale für politische Bildung .

Behr, Michael; Schmidt, Rudi (Hg.) (2006): Aufbau Ost - Innovation durch Kooperation und Fachkräfteentwicklung. Jena: Jenaer Beiträge zur Soziologie.

Behr, Michael; Engel, Thomas (Hg.) (2007): Innovation durch Wissenstransfer und Vernetzung. Transfer von wissenschaftlichen Erkenntnissen und Forschungsergebnissen in kleinen und mittleren Unternehmen zur Schaffung von Innovationen und arbeitsplatzbezogener Personalentwicklung. Jena/Chemnitz.

Behr, Michael; Thieme, Christoph (2009): Von den Paralleluniversen zur neuen Kooperationsdynamik. Warum die Zukunft der ostdeutschen Wirtschaft von der Qualität und Intensität der Forschungskooperationen abhängt. In: die hochschule, H. 1, S. 69–85.

Behr, Michael (2009a): Die optische Industrie in Thüringen. Wirtschaftsentwicklung und Fachkräfteentwicklung. Herausgegeben von optonet.

Behr, Michael (2009b): Planungsparadoxien im gesellschaftlichen Transformationsprozess. Ostdeutschland als prognostisches Dauerproblem. In: Mittelweg 32, Jg. 18, H. 6, S. 64–81.

Behr, Michael (2009c): Der unglückliche Erfolgsfaktor - beschleunigt, aktiviert aber nicht zukunftsfähig. In: WSI-Mitteilungen 10/2009.

Behr, Michael (2010a): Thesenpapier zur JenZIG-Konferenz Wege aus der Krise. Dynamik und Grenzen des Kapitalismus. Beitrag zum Panel 3 am ersten Konferenztag zum Thema: Radikale Innovationen? Unveröffentlichtes Manuskript, 2010, Jena.

Behr, Michael (2010b): Fachkräfteentwicklung in unsicheren Zeiten. Fachkräftesicherung als Schlüsselaufgabe für den Wirtschaftsstandort Jena. Ergebnisse einer Befragung von Unternehmen des Verarbeitenden Gewerbes der Stadt Jena. Jena.

Berg, Stefan; Hornig, Frank; Kurbjuweit, Dirk et al: Tabuzone Ost. In: Der Spiegel, Jg. 2004, Ausgabe 15, S. 24–41.

Best, Heinrich (2004): Challenge and Response. Das Forschungsprogramm des SFB 580 in den Jahren 2004 bis 2008.

Blättel-Mink, Birgit (2006): Kompendium der Innovationsforschung. Wiesbaden.

Blättel-Mink, Birgit (2009): Innovationssysteme - Soziologische Anschlüsse. In: Blättel-Mink, Birgit; Ebner, Alexander (Hg.): Innovationssysteme. Technologie, Institutionen und die Dynamik der Wettbewerbsfähigkeit. Wiesbaden .

Blättel-Mink, Birgit; Ebner, Alexander (Hg.) (2009): Innovationssysteme. Technologie, Institutionen und die Dynamik der Wettbewerbsfähigkeit. Wiesbaden.

Blöcker, Antje; Rehfeld, Dieter (2001): Regionale Innovationspolitik und innovative Regionalpolitik. In: Politische Vierteljahresschrift - Sonderheft, S. 388–404.

Blum, Ulrich; Buscher, Herbert S.; Gabrisch, Hubert; Günther, Jutta; Heimpold, Gerhard; Lang, Cornelia et al. (2010): Ostdeutschlands Transformation seit 1990 im Spiegel wirtschaftlicher und sozialer Indikatoren. 2. aktualisierte und verbesserte Auflage. Halle (Saale).

Böcker, Franz; Helm, Roland (2003): Marketing. 7. Aufl. Stuttgart.

Bohn, Cornelia; Hahn, Alois (2003): Pierre Bourdieu. In: Kaesler, Dirk (Hg.): Klassiker der Soziologie 2. Von Talcott Parsons bis Pierre Bourdieu. München: 4 .

Bönisch, Peter; Schneider, Lutz (2010): Why are East Germans not More Mobile? Analyzing the Impact of Social Ties on Regional Migration. IWH Discussionpaper. Halle (Saale).

Bonß, Jochen (2006): Das Kultur-Wissen des Habitus. Ausführungen zu Pierre Bourdieus Rekonzeptualisierung des ethnologischen Kulturbegriffs angesichts der Kultur der Moderne.

Bourdieu, Pierre (1976): Entwurf einer Theorie der Praxis auf der ethnologischen Grundlage der kabyllischen Gesellschaft. Frankfurt/Main.

Bourdieu, Pierre (1982): Die feinen Unterschiede. Kritik der gesellschaftlichen Urteilskraft. Frankfurt/Main.

Bourdieu, Pierre (1983): Ökonomisches Kapital - Kulturelles Kapital - Soziales Kapital. In: Kreckel, Reinhard (Hg.): Soziale Ungleichheiten. Soziale Welt, Sonderheft Nr. Sonderband 2, S. 183–198.

Bourdieu, Pierre (1983): Zur Soziologie der symbolischen Formen. 2. Aufl. Frankfurt/Main.

Bourdieu, Pierre (1985a): Sozialer Raum und Klassen. Frankfurt/Main.

Bourdieu, Pierre (1985b): Sozialer Sinn. Frankfurt/Main.

Bourdieu, Pierre (1991a): Physischer, sozialer und angeeigneter physischer Raum. In: Wentz, Martin (Hg.): Stadt-Räume. Frankfurt/Main/New York, S. 25–34.

Bourdieu, Pierre (1991b): Soziologie als Beruf. Wissenschaftstheoretische Voraussetzungen soziologischer Erkenntnis. Berlin/New York.

Bourdieu, Pierre (1992): Rede und Antwort. Frankfurt/Main.

Bourdieu, Pierre (1993): Soziologische Fragen. Frankfurt/Main.

Bourdieu, Pierre (1997): Der Tote packt den Lebenden. Schriften zur Politik und Kultur. Hamburg.

Bourdieu, Pierre (1998a): Das Elend der Welt. Zeugnisse und Diagnosen des alltäglichen Leidens an der Gesellschaft. 2. Aufl. Konstanz.

Bourdieu, Pierre (1998b): Praktische Vernunft. Zur Theorie des Handelns. Frankfurt/Main.

Bourdieu, Pierre (1998c): Über das Fernsehen. Frankfurt/Main

Bourdieu, Pierre (1999): Die Regeln der Kunst. Frankfurt/Main.

Bourdieu, Pierre (2000): Die zwei Gesichter der Arbeit. Interdependenzen von Zeit- und Wirtschafts-strukturen am Beispiel einer Ethnologie der algerischen Übergangsgesellschaft. Konstanz.

Bourdieu, Pierre (2001): Meditationen. Zur Kritik der scholastischen Vernunft. Frankfurt/Main.

Bourdieu, Pierre (2005a): Introduction. In: Bourdieu, Pierre (Hg.): The social structures of the economy. Oxford .

Bourdieu, Pierre (2005b): Principles of an Economic Anthropology. In: Bourdieu, Pierre (Hg.): The social structures of the economy. Oxford .

Bourdieu, Pierre (Hg.) (2005c): The social structures of the economy. Oxford.

Bourdieu, Pierre (2005d): Die männliche Herrschaft. Frankfurt/Main.

Braun-Thürmann, Holger (2005): Innovation. Bielefeld.

Brenke, Karl (2009): Die Jahre 1989 und 1990: Das wirtschaftliche Desaster der DDR - schleichen-der Niedergang und Schocktherapie. In: Vierteljahreshefte zur Wirtschaftsforschung, Jg. 78, H. 2, S. 18–31.

Brenke, Karl; Zimmermann, Klaus F. (2009a): Ostdeutschland 20 Jahre nach dem Mauerfall: Ist die Flasche nun zu einem Drittel leer - oder ist sie zu zwei Dritteln voll? In: Vierteljahreshefte zur Wirtschaftsforschung, Jg. 78, H. 2, S. 5–7.

Brenke, Karl; Zimmermann, Klaus F. (2009b): Ostdeutschland 20 Jahre nach dem Mauerfall: Was war und was ist heute mit der Wirtschaft. In: Vierteljahreshefte zur Wirtschaftsforschung, Jg. 78, H. 2, S. 32–62.

Bröcker, Johannes (2007): Regionalökonomik. Kiel.

Brück, Tilman; Peters, Heiko (2009): 20 Years of German Unification: Evidence on Income Conver-gence and Heterogenity. IZA Discussion Paper No. 4454. Forschungsinstitut zur Zukunft der Arbeit. Bonn.

Brueck, Mario; Sekareva, Katharina; Steinkirchner, Peter; Stölzel, Thomas; Schnitzler, Lothar (2009): Endlich Weltniveau. In: Wirtschaftswoche, 9.11.2009, S. 71–77.

Bündnis 90 die Grünen (2009): Der grüne neue Gesellschaftsvertrag. Programm zur Bundestagswahl 2009.

Bundesministerium des Innern BMI (Hg.) (2010): Jahresbericht der Bundesregierung zum Stand der Deutschen Einheit 2010. Berlin.

Bundesministerium für Verkehr, Bau und Stadtentwicklung BVBS (Hg.) (2009): Jahresbericht der Bundesregierung zum Stand der Deutschen Einheit 2009. Berlin.

Bundesregierung (Hg.) (2010): 20 Jahre Deutsche Einheit. Berlin.

Burda, Michael C. (2010): Wirtschaft in Ostdeutschland im 21. Jahrhundert. In: Aus Politik und Zeitgeschehen ApuZ, H. 30-31.

CDU (2009): Wir haben die Kraft. Gemeinsam für unser Land. Regierungsprogramm 2009-2013. Wahlprogramm zur Bundestagswahl 2009.

Cooke. Philip (2009): Regionale Innovationssysteme, Cluster und die Wissensökonomie. Englisches Original: Industrial and Corporate Change, Bd 10, 2001. In: Blättel-Mink, Birgit; Ebner, Alexander (Hg.): Innovationssysteme. Technologie, Institutionen und die Dynamik der Wettbewerbsfähigkeit. Wiesbaden .

Cooke. Philip; Gómez Uranga, Mikel; Etxebarria, Goio (1997): Regional innovation sys-tems. Institutional and organisational dimensions. In: Research Policy, H. 26, S. 475–491.

destatis Statistisches Bundesamt (Hg.) (2010): 20 Jahre Deutsche Einheit. Wunsch oder Wirklichkeit. Wiesbaden.

Diekmann, Andreas (2005): Empirische Sozialforschung. Grundlagen, Methoden, Anwendung. 13. Aufl. Reinbek bei Hamburg.

Dörre, Klaus; Lessenich, Stephan; Rosa, Hartmut (2009): Soziologie. Kapitalismus. Kritik. Eine De-batte. Frankfurt/Main.

Dörre, Klaus; Neis, Matthias (2010): Das Dilemma der unternehmerischen Universität. Hochschulen zwischen Wissensproduktion und Marktzwang. Berlin.

Ebner, Alexander (2009): Governance von Innovationssystemen und die politische Ökonomie der Wettbewerbsfähigkeit. In: Blättel-Mink, Birgit; Ebner, Alexander (Hg.): Innovationssysteme. Technologie, Institutionen und die Dynamik der Wettbewerbsfähigkeit. Wiesbaden.

Edquist, Charles (2003): Systems of Innovation. Perspectives and challenges. In: Fagerberg, Jan; Mowery, David C.; Nelson, Richard R. (Hg.): The handbook of innovation. Oxford.

Eickelpasch, Alexander (2009): Forschung, Entwicklung und Innovationen in Ostdeutschland. In: Vierteljahreshefte zur Wirtschaftsforschung, Jg. 78, H. 2, S. 78–109.

Eickelpasch, Alexander; Pfeiffer, Ingo (2006): Unternehmen in Ostdeutschland - wirtschaftlicher Erfolg mit Innovationen. In: Wochenbericht des DIW Berlin, H. 14, S. 173–180.

Ettel, Anja; Greive, Martin (2010): Die Gewinner der Einheit. In: Welt am Sonntag, 03.10.2010.

Expertenkomission Forschung und Innovation (EFI) (Hg.) (2010): Gutachten zu Forschung, Innovation und technologischer Leistungsfähigkeit Deutschlands 2010.

Fagerberg, Jan (2003): Innovation: A Guide to Literature. Oslo.

Fagerberg, Jan; Mowery, David C.; Nelson, Richard R. (Hg.) (2003): The handbook of innovation. Oxford.

FDP (2009): Die Mitte stärken. Deutschlandprogramm 2009. Programm der Freien Demokratischen Partei zur Bundestagswahl 2009.

Fink, Hans-Jürgen (2010): Crash-Kurs im Osten. In: Das Parlament, H. 37.

Fley, Bettina (2008): Wirtschaft und wirtschaftliches Handeln als Ökonomie der Praxis. In: Maurer, Andrea (Hg.): Handbuch der Wirtschaftssoziologie. Wiesbaden .

Flick, Uwe (2009): Qualitative Sozialforschung. Eine Einführung. 2. Aufl. Reinbek bei Hamburg.

Fligstein, Neil (1996): Markets as Politics: A Political-Cultural Approach to Market Institutions. In: American Sociological Review, Jg. 61, S. 656–673.

Fligstein, Neil (2001): The Architecture of Markets. An Economic Sociology of Twenty-First-Century Capitalist Societies. Princeton.

Florian, Michael (2006): Ökonomie als soziale Praxis. Zur wirtschaftssoziologischen Anschlussfähigkeit von Pierre Bourdieu. In: Florian, Michael; Hillebrand, Frank (Hg.): Pierre Bourdieu: neue Perspektiven für die Soziologie der Wirtschaft. Wiesbaden

Florian, Michael; Hillebrand, Frank (2006): Einleitung: Soziologische Praxistheorie und neue Wirtschaftssoziologie. In: Florian, Michael; Hillebrand, Frank (Hg.): Pierre Bourdieu: neue Perspektiven für die Soziologie der Wirtschaft. Wiesbaden .

Florian, Michael; Hillebrand, Frank (Hg.) (2006): Pierre Bourdieu: neue Perspektiven für die Soziologie der Wirtschaft. Wiesbaden.

Florida, Richard (2002): The Rise of the Creative Class. And How it's transforming work, leisure, community and everyday life. New York.

Fritsch, Michael (1998): Das Innovationssystem Ostdeutschlands: Problemstellung und Überblick. In: Fritsch, Michael; Meyer-Krahmer, Frieder; Pleschak, Franz (Hg.): Innovation in Ostdeutschland. Potenziale und Probleme. Heidelberg, S. 3–19.

Fritsch, Michael (2008): Die Arbeitsplatzeffekte von Gründungen. Ein Überblick über den Stand der Forschung. In: Zeitschrift für Arbeitsmarktforschung, Jg. 41, H. 1, S. 55–69.

Fritsch, Michael; Meyer-Krahmer, Frieder; Pleschak, Franz (Hg.) (1998): Innovation in Ostdeutschland. Potenziale und Probleme. Heidelberg.

Fritsch, Michael; Wein, Thomas; Ewers, Hans-Jürgen (2007): Marktversagen und Wirtschaftspolitik. 7. Aufl. München.

Fritsch, Michael; Wyrwich, Michael (2010): Wirtschaft im Schock. Bundeszentrale für Politische Bildung. Berlin.

Fuchs-Heinritz, Werner; König, Alexander (2005): Pierre Bordieu: eine Einführung. Konstanz.

Fuchs-Schündeln, Nicola; Izem, Rima (2008): Explaining the Low Labor Productivity in East Germany. A Spatial Anaysis. Harvard.

Genosko, Joachim (1999): Netzwerke in der Regionalpolitik. Marburg.

Glaeser, Edward L.; Kallal, Hedi D.; Scheinkman, José A.; Shleifer, Andrei (1992): Growth in Cities. In: Journal of Political Economics, Jg. 100, H. 6.

Gläser, Jochen; Laudel, Grit (2009): Experteninterveiws und qualitative Inhaltsanalyse als Instrumente rekonstruierender Untersuchungen. 3. Aufl. Wiesbaden.

Goos, Hauke; Kneip, Ansbert: Das Ende der Illusion. In: Der Spiegel, Jg. 2004, Ausgabe 39, S. 62–72.

Graßmann, Timm (2008): Symbolische Politik und symbolische Gewalt. Unveröffentlichte Bachelorarbeit Humboldt-Universität zu Berlin.

Günther, Jutta (2004): Innovation cooperation: experiences from East and West Germany. In: Science and Public Policy, Jg. 31, H. 2, S. 151–158.

Günther, Jutta; Gebhardt, Oliver (2005): Eastern Germany in the Process of Catching Up. The Role of Foreign an West German Investors in Technological Renewal. In: Eastern European Economics, Jg. 43, H. 3, S. 78–102.

Günther, Jutta; Jindra, Björn; Stephan, Johannes (2008): Foreign Subsidiaries in the East German Innovation System. Evidence from Manufacturing Industrie. In: IWH-Discussion Papers, H. 4.

Günther, Jutta; Michelsen, Claus; Titze, Mirko (2009): Innovationspotenzial ostdeutscher Regionen: Erfindergeist nicht nur in urbanen Zentren zu Hause. In: Wirtschaft im Wandel, Jg. 15, H. 4, S. 181–192.

Günther, Jutta; Nulsch, Nicole; Urban-Thielicke, Dana; Wilde, Katja (2010): 20 Jahre nach dem Mauerfall: Transformation und Erneuerung des ostdeutschen Innovationssystems. Institut für Wirtschaftsforschung Halle (IWH). (Studien zum deutschen Innovationssystem, 16-2010).

Günther, Jutta; Wilde, Katja; Sunder, Marco (2010): Forschungsintensität Ostdeutschlands hält dem europäischen Vergleich stnad. In: Wirtschaft im Wandel, Jg. 16, H. 2, S. 72.

Hartmann, Martin; Offe, Klaus (Hg.) (2001): Vertrauen. Grundlagen des sozialen Zusammenhalts. Frankfurt/Main.

Hassink, Robert; Ibert, Oliver (2009): Zum Verhältnis von Innovation und Raum in subnationalen Innovationssystemen. In: Blättel-Mink, Birgit; Ebner, Alexander (Hg.): Innovationssysteme. Technologie, Institutionen und die Dynamik der Wettbewerbsfähigkeit. Wiesbaden .

Heidenreich, Martin (1997): Wirtschaftsregionen im weltweiten Innovationswettbewerb. In: Kölner Zeitschrift für Soziologie und Sozialpsychologie, H. 49, S. 500–527.

Heilemann, Ullrich; Wappler, Stefan (2009): Bald so wie überall? Strukturwandel der ostdeutschen Wirtschaft 1992-2006. In: ifo Schnelldienst, Jg. 62, H. 18, S. 30–37.

Heine, Christoph (2008): Studienanfänger in den alten und neuen Ländern: Gründe der Hochschulwahl und Bewertung der Hochschulregionen West- und Ostdeutschland. Herausgegeben von Hochschul-Informations-System HIS. Hannover.

Heitmeyer, Wilhelm (Hg.) (2010): Deutsch-deutsche Zustände. 20 Jahre nach dem Mauerfall. Bonn: Bundeszentrale für politische Bildung.

Heuser, Uwe Jean (2008): Humanomics. Die Entdeckung des Menschen in der Wirtschaft. Frankfurt/Main.

Hillmann, Karl-Heinz (1994): Wörterbuch der Soziologie. Stuttgart.

Hippel, Eric von (1994): "Sticky Information" and the Locus of Problem Solving: Implications for Innovation. In: Management Science, Jg. 40, H. 4, S. 429–439.

Honneth, Axel (Hg.) (1990): Die zerissene Welt des Sozialen. Sozialphilosophische Aufsätze. Frankfurt/Main.

Honneth, Axel (1990): Die zerrissene Welt der symbolschen Formen. Zum kultursoziologischen Werk Pierre Bourdieus. In: Honneth, Axel (Hg.): Die zerissene Welt des Sozialen. Sozialphilosophische Aufsätze. Frankfurt/Main .

Honneth, Axel (1992): Kampf um Anerkennung. Zur moralischen Grammatik sozialer Konflikte. 1. Aufl. Frankfurt/Main.

Hornych, Christoph; Schwartz, Michael (2008): Räumliche Branchenschwerpunkte als Innovationsmotoren? Empirische Befunde aus Ostdeutschland. In: Wirtschaft im Wandel, Jg. 14, H. 9, S. 355–362.

Institut für Angewandte Marketing- und Kommunikationsforschung IMK (2010): West-Ost-Markenstudie 2010. Unterschiede in Kaufverhalten, Markenbewusstsein und Werbewrkung in Ost und West. Herausgegeben von MDR-Werbung. Erfurt.

Institut für Arbeitsmarkt- und Berufsforschung (IAB) (2010): IAB-Betriebspanel 2009. Bericht Ostdeutschland. Berlin.

Institut für Wirtschaftsforschung Halle (IWH): Ostdeutschland ähnlich innovativ wie Westdeutschland. IWH-Pressemitteilung 53/2010.

Jaeck, Tobias (2010): Infrastruktur und Infrastrukturlücke in Ostdeutschland. Bundeszentrale für Politische Bildung. Berlin.

Jenkins, Richard (2007): Pierre Bourdieu. Revised Edition. London.

Jonas, Klaus; Stroebe, Wolfang; Hewstone, Miles (2007): Sozialpsychologie. 5. Aufl. Berlin.

Jung, Alexander; Tietz, Janko (2010): 20 Jahre deutsche Währungsunion - "Das Ergebnis ist eine Katastrophe". In: Spiegel Online. 1. Juni 2010.

Kaesler, Dirk (Hg.) (2003): Klassiker der Soziologie 2. Von Talcott Parsons bis Pierre Bourdieu. München: 4.

Kinkel, Steffen; Lay, Gunter (2000): Notnagel regionale Kooperation? Verbreitung und Nutzen regionaler Kooperation in der deutschen Investitionsgüterindustrie. Mitteilung aus der Produktionsinnovationserhebung des Fraunhofer Instituts für Systemtechnik und Innovationsforschung. Karlsruhe.

Klepper, Steven; Sleeper, Sally (2005): Entry by Spinoffs. In: Management Science, Jg. 51, H. 8, S. 1291–1306.

Knauth, Oswald (1949): Consideration in the Setting of Retail Prices. In: The Journal of Marketing, H. 14, S. 1–12.

Köcher, Renate (2009): Allensbacher Jahrbuch der Demoskopie 2003-2009. Berlin/New York.

Kolmer, Christian (2009): Nachrichten aus einer Krisenregion. Das Bild Ostdeutschlands und der DDR in den Medien 1994-2007. In: Ahbe, Thomas; Gries, Raier; Schmale, Wolfgang (Hg.): Die Ostdeutschen in den Medien. Das Bild von den Anderen nach 1990. Leipzig .

Koschatzky, Knut (2003): Innovationsnetzwerke als Grundlage regionaler Entwicklungsprozesse. In: Koschatzky, Knut (Hg.): Innovative Impulse für die Region. Aktuelle Tendenzen und Entwicklungsstrategien. Karlsruhe .

Koschatzky, Knut (Hg.) (2003): Innovative Impulse für die Region. Aktuelle Tendenzen und Entwicklungsstrategien. Karlsruhe.

Koschatzky, Knut; Lo, Vivien (2005): Verbesserung der Innovationsförderung in den neuen Ländern. Bundesamt für Bauwesen und Raumordnung. Bonn. (BBR-Online-Publikation).

Kreckel, Reinhard (Hg.) (1983): Soziale Ungleichheiten. In: Soziale Welt, Sonderband 2.

Krugman, Paul (1991): Increasing Returns and Economic Geography. In: Journal of Political Economy, Jg. 99, H. 3.

Krugman, Paul (1998): What's new about the New Economic Geography? In: Oxford Review of Economic Policy, Jg. 14, H. 2.

Kulicke, Marianne (2003): Stärkung der Starken. Öffentliche Förderung spezifischer Aspekte im Innovationsprozess durch regional fokussierte Netzwerke. In: Koschatzky, Knut (Hg.): Innovative Impulse für die Region. Aktuelle Tendenzen und Entwicklungsstrategien. Karlsruhe .

Leamer, Edward E. (2007): A Flat World, a Level Plaing Field, a Small World After All, or None of the Above? A Review of Thomas L. Friedman's The World is Flat. In: Journal of Economic Literature, H. XLV, S. 83–126.

Leavitt, Harold (1954): Experimental Findings About the Meaning of Price. In: Journal of Business, H. 27, S. 205–210.

Lundvall, Bengt-Ake (2007): National Innovation Systems. Analytical concept and development tool. In: Industry and innovation, Jg. 14, H. 1, S. 95–119.

Lundvall, Bengt-Ake (2009): Warum sollte man nationale Innovationssysteme und nationale Innovationsstile untersuchen? Englisches Original erschienen 1996 in Technology Analyses and Strategic Mangament 10. In: Blättel-Mink, Birgit; Ebner, Alexander (Hg.): Innovationssysteme. Technologie, Institutionen und die Dynamik der Wettbewerbsfähigkeit. Wiesbaden .

Lutz, Burkart (2010a): Demografischer Wandel und Arbeitsmarkt. In: RegioPol, H. 2, S. 21–35.

Lutz, Burkart (2010b): Fachkräftemangel in Ostdeutschland. Konsequenzen für Beschäftigung und Interessenvertretung. Eine Studie der Otto Brenner Stiftung. Frankfurt/Main.

Maaz, Hans-Joachim (1991): Der Gefühlsstau. Ein Psychogramm der DDR. Berlin.

Machatschke, Michael; Schwarzer, Ursula (2010): Endlich Weltmeister. In: Manager-Magazin, 10/2010, S. 2–8.

Maier, Gunther; Tödtling, Franz (2005): Regional- und Stadtökonomik 1. Standorttheorie und Raumstruktur. 4. Aufl. Wien.

Maier, Gunther; Tödtling, Franz; Trippl, Michaela (2006): Regional- und Stadtökonomik 2. Regionalentwicklung und Regionalpolitik. 3. Aufl. Wien.

Malerba, Franco: Sectoral systems of innovation and production. In: Research Policy, Jg. 2002, H. 31, S. 247–264.

Martens, Bernd (2007): Orthodoxie der Proselyten. Einstellungsmuster ökonomischer Funkionseliten im Ost/West-Vergleich. In: Zeitschrift für Soziologie, H. 36, S. 118–130.

Martens, Bernd (2010): Wirtschaftlicher Zusammenbruch und Neuanfang nach 1990. Herausgegeben von Bundeszentrale für Politische Bildung.

Marx, Karl (1847 (1959)): Das Manifest der kommunistischen Partei. Marx-Engels-Werke 4, S. 459-493. Berlin.

Marx, Karl (1867 (2007)): Das Kapital. Erster Band. Marx-Engels-Werke 23. Berlin.

Maurer, Andrea (2006): Wirtschaftssoziologie als soziologische Analyse ökonomischer Felder? Bourdieus Beitrag zur Wirtschaftssoziologie. In: Florian, Michael; Hillebrand, Frank (Hg.): Pierre Bourdieu: neue Perspektiven für die Soziologie der Wirtschaft. Wiesbaden .

Maurer, Andrea (Hg.) (2008): Handbuch der Wirtschaftssoziologie. Wiesbaden.

Maurer, Andrea (2008): Institutionalismus und Wirtschaftssoziologie. In: Maurer, Andrea (Hg.): Handbuch der Wirtschaftssoziologie. Wiesbaden .

Meske, Werner (1993): Die Umgestaltung des ostdeutschen Forschungssystems. Eine Zwischenbilanz. Berlin.

Mikl-Horke, Gertraude (2008): Klassische Positionen der Ökonomie und Soziologie und ihre Bedeutung für die Wirtschaftssoziologie. In: Maurer, Andrea (Hg.): Handbuch der Wirtschaftssoziologie. Wiesbaden .

Moebius, Stephan; Reckwitz, Andreas (Hg.) (2008): Poststrukturalistische Sozialwissenschaften. Frankfurt/Main.

Müller, Klaus (2003): Das neoklassische Lohn- und Beschäftigungsmodell. Kritik seiner wirtschaftspolitischen Ableitungen. In: UtopieKreativ. Februar 2003.

Nelson, Richard R.; Rosenberg, Nathan (2009): Technische Innovation und nationale Systeme. Englisches Original erschienen 1993 in: Nelson: National Innovation Systems. Oxford/New York. In: Blättel-Mink, Birgit; Ebner, Alexander (Hg.): Innovationssysteme. Technologie, Institutionen und die Dynamik der Wettbewerbsfähigkeit. Wiesbaden .

Neubacher, Alexander; Sauga, Michael (2010): Abbau Ost. In: Der Spiegel, Ausgabe 26, 2010, S. 74–79.

Nitsch, Volker; Wolf, Nikolaus (2009): Tear Down this Wall: On the Persistence of Borders in Trade. CESIFO Working Paper No. 2847. Darmstadt/Warwick.

OECD (2002): Frascati Manual. Proposed Standard Practive for Surveys on Research and Experimental Development. Paris.

OECD; European Commission (1992): Oslo Manual. The Measurement of Scientific and Technological Acitivities. Brüssel.

Offe, Klaus (2001): Wie können wir unseren Mitbürgern vertrauen? In: Hartmann, Martin; Offe, Klaus (Hg.): Vertrauen. Grundlagen des sozialen Zusammenhalts. Frankfurt/Main .

Papilloud, Christian (2003): Bourdieu lesen: Einführung in eine Soziologie des Unterschieds. Bielefeld.

Paqué, Karl-Heinz (2009): Deutschlands West-Ost-Gefälle der Produktivität: Befund, Deutung, Konsequenzen. In: Vierteljahreshefte zur Wirtschaftsforschung, Jg. 78, H. 2, S. 63–77.

Paqué, Karl-Heinz (2010): Die Bilanz. Eine wirtschaftliche Analyse der deutschen Einheit. Bonn: Bundeszentrale für politische Bildung.

Pasternack, Peer; Bloch, Roland; Hechler, Daniel; Schulze, Henning (2009): Die ostdeutsche Frachkräftelücke und die ostdeutschen Hochschulen. Hochschule-Praxis-Kooperationen in Studium und Lehre. In: die hochschule, H. 2, S. 86–112.

Peter, Lothar (2004): Pierre Bourdieus Theorie der symbolischen Gewalt. In: Steinrücke, Magareta (Hg.): Pierre Bourdieu. Politisches Forschen, denken und Eingreifen. Hamburg .

Polanyi, Michael (1958): Personal Knowledge. Towards a Post Critical Philosophy. London.

Porter, Michael (1998): Clusters and the new economics of competition. In: Harvard Business Review, Jg. 76, H. 6.

Powell, Walter (1990): Neither Market nor Hierarchy: Network Forms of Innovation. In: Research in Organizational Behaviour, H. 12, S. 295–336.

Putnam, Robert (1995): Bowling Alone. In: Journal of Democracy, S. 65–78.

Putnam, Robert (2000): Bowling Alone. The Collapse and Revival of American Community. New York.

Ragnitz, Joachim (2005): Zur Diskussion um den Produktivitätsrückstand Ostdeutschlands. Halle (Saale).

Ragnitz, Joachim (2009): Demografische Entwicklung in Ostdeutschland: Tedenzen und Implikationen. In: Vierteljahreshefte zur Wirtschaftsforschung, Jg. 78, H. 2, S. 110–121.

Ragnitz, Joachim (2009): Ostdeutschland heute: Viel erreicht, viel zu tun. In: ifo Schnelldienst, Jg. 62, H. 18, S. 3–13.

Ragnitz, Joachim (2010): Strukturelle Ursachen des Einkommensrückstands Ostdeutschlands. In: ifo Dresden berichtet, H. 2, S. 17–23.

Ragnitz, Joachim; Lehmann, Robert; May, Michaela (2010): Bilanz - 20 Jahre Deutsche Einheit. Gutachten vom Institut für Wirtschaftsforschung (ifo Dresden). Berlin: Initiative Neue Soziale Marktwirtschaft.

Rao, Akshay (2005): The Quality of Price as A Quality Cue: Minnesota.

Roesler, Jörg (2003): Ostdeutsche Wirtschaft im Umbruch. 1970-2000. Bonn: Bundeszentrale für politische Bildung.

Röhl, Karl-Heinz (2009): Strukturelle Konvergenz der ostdeutschen Wirtschaft. In: IW-Trends - Vierteljahresschrift zur empirischen Wirtschaftsforschung, Jg. 36, H. 1, S. 1–17.

Romer, Paul M. (1986): Increasing Returns and Long-Run Growth. In: Journal of Political Economics, Jg. 94, H. 5.

Romer, Paul M. (1994): The Origins of Endogenous Growth. In: Journal of Economic Perspectives, Jg. 8, H. 1, S. 3–22.

Rosa, Hartmut; Strecker, David; Kottmann, Andrea (2007): Soziologische Theorien. Konstanz.

Schätzl, Ludwig (2003): Wirtschaftsgeographie I. Paderborn.

Schäuble, Wolfgang (2009): Deutschlands zweite Chance - Geschichte, Stand und Perspektiven der Deutschen Einheit. Rede anlässlich der Tagung der Arbeitsgemeinschaft deutscher wirtschaftswissenschaftlicher Forschungsinstitute am 23. April 2009 in Berlin. In: Vierteljahreshefte zur Wirtschaftsforschung, Jg. 78, H. 2, S. 8–17.

Schluchter, Wolfgang; Quint, Peter E. (Hg.) (2001): Der Vereinigungsschock. Vergleichende Betrachtungen zehn Jahre danach. Weilerwist.

Schmid, Michael (2008): Individuelle Entscheidungsrationalität und soziale Einbettung. Zum Verhältnis von Ökonomie und Wirtschaftssoziologie. In: Maurer, Andrea (Hg.): Handbuch der Wirtschaftssoziologie. Wiesbaden .

Schmoch, Ulrich; Schulze, Nicole (2010): Performance and Structures of the German Science System in an International Comparison 2009 with a Special Focus on East Germany. Expertenkommision Forschung und Innovation (EFI). Studien zum deutschen Innovationssystem Nr. 08-2010. Frauenhofer Institute for Systems and Innovation Research. Berlin.

Schroeder, Klaus (2010): Das neue Deutschland. Warum nicht zusammenwächst, was zusammengehört. Berlin.

Schroer, Markus (2006): Raum, Macht und soziale Ungleichheit. Pierre Bourdieus Beitrag zu einer Soziologie des Raums. In: Leviathan, Jg. 34, H. 1, S. 105–123.

Schroer, Markus (2008): Raum. Das Ordnen der Dinge. In: Moebius, Stephan; Reckwitz, Andreas (Hg.): Poststrukturalistische Sozialwissenschaften. Frankfurt/Main, S. 141–157.

Schröter, Alexandra (2008): Perspektiven der Innovationspolitik in den neuen Bundesländern. In: ifo Dresden berichtet, H. 2, S. 40–52.

Schumpeter, Joseph Alois (1912(1964)): Theorie der wirtschaftlichen Entwicklung. Berlin.

Schürer, Gerhard; Beil, Gerhard; Schalck, Alexander; Höfner, Ernst; Donda, Arno: Analyse der ökonomischen Lage der DDR mit Schlußfolgerungen. Vorlage für das Politbüro des Zentralkomitees der SED, 30.10.1989. Online verfügbar unter www.chronik-der-mauer.de.

Schwingel, Markus (2009): Pierre Bourdieu zur Einführung. 6. Aufl. Hamburg.

Sinn, Hans-Werner (2000): Zehn Jahre deutsche Wiedervereinigung. Ein Kommentar zur Lage der neuen Länder. In: ifo Schnelldienst, Jg. 53, H. 26/27, S. 10–22.

Sinn, Hans-Werner; Sinn, Gerlinde (2010): Vorsprung verspielt. Eine Anmerkung zum 20. Jahrestag der deutschen Wiedervereinigung. In: ifo Schnelldienst, Jg. 63, H. 19, S. 10–11.

Smith, Adam (1776 (2005)): Der Wohlstand der Nationen. München: dtv.

Solow, Robert (1956): A Contribution to the Theory of Economic Growth. In: Quarterly Journal of Economics, H. 70, S. 65–94.

Sommer, Sarah (2010): Wem der Osten heute gehört. Manager-Magazin Online, 1. Oktober 2010. Online verfügbar unter www.manager-magazin.de/politik/deutschland/0,2828,720774,00.html.

SPD (2009): Sozial und demokratisch. Anpacken für Deutschland. Das Regierungsprogramm der SPD zur Bundestagswahl 2009.

Steinrücke, Magareta (Hg.) (2004): Pierre Bourdieu. Politisches Forschen, Denken und Eingreifen. Hamburg.

Stephan, Johannes; Szalai, Karin (2003): Firm-Specific Determinants of Productivity Gaps between East and West German Industrial Branches. IWH Discussionpaper. Halle (Saale).

Stoetzer, Sergej (2008): Space thinks? Soziologische Raumkonzepte. Schriftfassung Vortrag 18. April 2008. Berlin.

Super-Illu (2009): „Gefreut, als Rentnerin endlich frei reisen zu können." Interview mit Bundeskanzlerin Angela Merkel. 2.2.2009

Swedberg, Richard (2004): The Toolkit of Economic Sociology. Cornell.

Swedberg, Richard (2008): Die Neue Wirtschaftssoziologie und das Erbe Max Webers. In: Maurer, Andrea (Hg.): Handbuch der Wirtschaftssoziologie. Wiesbaden .

Tajfel, Henri; Turner, John (1979): An integrative theory of intergroup conflict. London/New York.

Thüringer Allgemeine (2010): Thüringen will weg vom Niedriglohnimage. 11. Dezember 2010.

Tiefensee, Wolfgang (2009): Innovationsregion Ostdeutschland. In: ifo Schnelldienst, Jg. 62, H. 18, S. 14–16.

Tietmeyer, Hans (2010): Der Blick auf den Aufbau Ost muss über den innerdeutschen Tellerrand hinausgehen. In: Ragnitz et al: Bilanz - 20 Jahre Deutsche Einheit.

Tödtling, Franz; Lehner, Patrick; Trippl, Michaela (2004): Knowledge intensive industries, networks and collective learning. SRE-Discussion. Wien.

Verspagen, Bart (2003): Innovation and Economic Growth. Oslo.

Wedl, Juliette (2009): Ein Ossi ist ein Ossi ist ein Ossi. Regeln der medialen Berichterstattung über "Ossis" und "Wessis" in der Wochenzeitung Die Zeit seit Mitte der 1990er Jahre. In: Ahbe, Thomas; Gries, Raier; Schmale, Wolfgang (Hg.): Die Ostdeutschen in den Medien. Das Bild von den Anderen nach 1990. Leipzig .

Wentz, Martin (Hg.) (1991): Stadt-Räume. Frankfurt/Main/New York.

Wenzel, Siegfried (2009): Was war die DDR wert? Und wo ist dieser Wert geblieben? Versuch einer Abschlußbilanz. 3. Aufl. Berlin.

Windolf, Paul (2001): Die wirtschaftliche Transformation. Politische und ökonomische Systemrationalitäten. In: Schluchter, Wolfgang; Quint, Peter E. (Hg.): Der Vereinigungsschock. Vergleichende Betrachtungen zehn Jahre danach. Weilerwist, S. 392–413.

Zentrum für Europäische Wirtschaftsforschung ZEW (2010): Innovationsverhalten der deutschen Wirtschaft. Indikatorenbericht zur Innovationserhebung 2009. Mannheim

The manufacturer's authorised representative in the EU is Springer
Nature Customer Service Centre GmbH, Europaplatz 3, 69115 Heidelberg,
Germany. If you have any concerns regarding our products, please
contact ProductSafety@springernature.com

Printed and bound by CPI Group (UK) Ltd, Croydon, CR0 4YY
27/04/2026
02097640-0005